Living Latin

A GRADED READER

Acknowledgments

This book is the result of the combined efforts of many different people at the Paideia Institute and beyond. Chris Cacciopoli wrote the English script for the original movie. Joseph Conlon translated this script into Latin and wrote the first version of the graded reader. Conlon also wrote many of the exercises, along with Chikondi Medson. Jonathan Meyer, Marco Romani, and Jules Felix Culot helped to edit the text, revise the exercises, and compile a glossary. Meg Prom did the graphic design, and Jamel Daugherty helped to format the book. We also wish to thank Amy Garland, Liz Butterworth, Jamel Daugherty, Clare Nash, Nancy Vander Veer, Coleman Connelly, Madeleine Palden, Justin Slocum Bailey, Gregory Stringer, Skye Alta Shirley, and Alex Petkas, whose suggestions and contributions greatly improved the book.

The Institute would like to extend special thanks to the Baumann family for making this project possible.

The Paideia Institute for Humanistic Study, Inc.
75 Varick Street, 11th Floor
New York, NY 10013
www.paideiainstitute.org

Table of Contents

Introduction

This Latin reader provides simple, comprehensible input with an interesting plot set in the modern world. The material is ideal for intermediate Latin students who are interested in developing conversational ability in Latin. The idiom is thoroughly classical, yet the vocabulary is drawn from daily life and includes words and expressions necessary for Latin conversation in school and the classroom.

The reader can be used profitably by students at any level, although a solid mastery of the first three declensions and of present verbs (both passive and active) will make working with the text much easier. We are guided by the conviction that there is no predictable order for the way in which each individual student will acquire the patterns of Latin. As such, we strive to avoid artificial Latin when a more natural form of expression is available, even if the construction or syntax is slightly more complex. Nevertheless, in the earlier lessons we focus on building facility with nominal morphology and the main tenses of the indicative. More difficult constructions and morphology, such as the subjunctive, the gerund, the supine, etc., are more prominent in later chapters. Throughout, however, the focus is not on teaching morphology and syntax, but on giving students words and phrases that they will need to converse and express themselves in Latin.

The Latin glosses included in the margins are meant to provide additional exposure to the language and to help students and teachers begin to develop a *copia verborum*. The ability to interpret Latin-to-Latin glosses and explanations is important for teaching the mind to stay in the target language.

The questions at the end of each lesson give additional exposure to Latin. The questions are a basic test of comprehension and are intended to encourage the student to read the text more carefully. The exercises (*exercitia*) also can serve as examples of the types of questions that a teacher can pose to students in class or for written assignments.

This reader can be used with "Living Latin: The Movie", a live action film that follows the same characters through New York and Italy. It is also designed for interaction with Paideia's series of animated videos in which a variety of characters teach all of Latin grammar. These videos can be used in the classroom, assigned as review, or made available as a supplementary resource for students. Some of the students in the animated class are the same characters as in our film and reader, providing the students with a sense of continuity and familiarity.

Lastly, the reader was designed with Duolingo's Latin course in mind, which can be used as a vocabulary trainer and reinforcer for the program. Completing the first level of the Duolingo Latin course should prepare students to start using the graded reader.

DRAMATIS PERSONAE

NOVI EBORACI

Marcus est iuvenis Americanus qui Novi Eboraci habitat. Litteris Latinis apud universitatem studet et Latine loqui conatur.

Habitat Marcus in diaeta cum quattuor contubernalibus, qui nominantur **Stephanus, Aemilia, Sara**, et **Alexander**. Hi omnes sunt discipuli apud universitatem, et omnes praeter Alexandrum linguae Latinae student et Latine loquuntur.

Iulia est nova discipula in eadem universitate, quae valde perita est linguae Latinae. **Livia** est altera iuvenis Americana quae Novi Eboraci habitat. Linguam Latinam in lycaeo docet.

MARCUS   SARA   AEMILIA   ALEXANDER   STEPHANUS

LIVIA   IULIA

DRAMATIS PERSONAE

ROMAE

Corinna est iuvenis Colombiana quae Romae studet et Latine optime loquitur. Multa de historia Romana urbisque monumentis scit.

Habitat in diaeta cum tribus contubernalibus, qui nominantur **Iacobus**, **Lea**, et **Robertus**. Hi omnes Romae student et saepe, dum urbem una explorant, Latine loqui conantur.

CORINNA   IACOBUS   LEA   ROBERTUS

MARCUS
LECTIO I

urbs

Novum Eboracum

Marcus est iuvenis Americanus. Marcus habitat in America. Ubi habitat Marcus? Marcus Novi Eboraci habitat. Novum Eboracum est urbs Americana. Aliae urbes Americanae sunt Angelopolis, Sicagum, Hustonia, Bostonia, Philadelphia, Phoenix, Dallasium, Franciscopolis, Vasingtonia, Miami, Atlanta, et ceterae multae. Num Marcus Bostoniae habitat? Marcus non Bostoniae, sed Novi Eboraci habitat. Num urbs Novum Eboracum in California est? Novum Eboracum non in California, sed in Novo Eboraco est.

Quid est Philadelphia? Philadelphia est urbs Americana. Quid est Bostonia? Bostonia quoque est urbs Americana. Bostonia et Philadelphia sunt urbes Americanae. Quid est California? California est civitas Americana. Quid est Texia? Texia quoque est civitas Americana. Aliae civitates Americanae sunt Novum Eboracum, Nova Caesarea, Pennsilvania, California, Florida, et ceterae. Quid est Novum Eboracum? Estne urbs? Ita, est urbs. Estne civitas? Ita, est civitas. Novum Eboracum est et urbs et civitas.

In America sunt multae civitates. Quot sunt civitates in America? Quinquaginta sunt civitates in America. Ubi sunt Franciscopolis et Angelopolis? Franciscopolis et Angelopolis sunt in California. Bostonia non in California, sed in Massachuseta est. Philadelphia non in Novo Eboraco, sed in Pennsilvania est. Ubi est Novum Eboracum? Novum Eboracum est in Novo Eboraco. Ubi habitat Marcus? Marcus habitat Novi Eboraci in Novo Eboraco. "In Novo Eboraco" significat "in civitate Novo Eboraco"; "Novi Eboraci" significat "in urbe Novo Eboraco."

homo solus

Habitatne Marcus solus? Marcus non habitat solus, sed cum quattuor amicis in diaeta. Diaetae Novi Eboraci sunt pretiosae, ergo saepe multi amici in una diaeta habitant.

quattuor amici

*mater, pater,
et unus filius*

Familia Marci non Novi Eboraci, sed Angelopoli habitat. In familia sunt mater, pater, frater, et soror. Mater est Maria, pater est Ioannes, frater est Michaelis, soror est Clara. Num habitant Maria et Ioannes Novi Eboraci? Maria et Ioannes non Novi Eboraci, sed Angelopoli habitant. Num Michaelis et Clara Philadelphiae habitant? Non Philadelphiae, sed Angelopoli habitant.

Quis est Michaelis? Est frater. Quis est Ioannes? Est pater. Quae est Clara? Est soror. Quae est Maria? Est mater. Quot homines sunt in familia? Quinque homines sunt in familia. Ubi habitat Marcus? Marcus Novi Eboraci habitat. Quot amici cum Marco habitant? Quattuor amici cum Marco habitant.

1. Qua aetate est Marcus? Marcus est...

   (a) tenera aetate.

   (b) provecta aetate.

   (c) decrepitus.

   (d) nescimus.

2. Quae harum urbium non est urbs Americana?

   (a) Bostonia.

   (b) Novum Eboracum.

   (c) Vasintonia.

   (d) Roma.

3. Urbs nomine Novum Eboracum invenitur in civitate California nominata.

   (a) Verum.

   (b) Falsum.

   (c) Nemo scit.

4. Marcus _____ habitat.

   (a) Novi Eboraci

   (b) In Novi Eboraci

   (c) Bostoniae

   (d) In Bostoniae

5. In interrogatione, "ubi habitat Marcus?", "ubi" idem significat atque...

   (a) quando.

   (b) qualis.

   (c) (in) quo loco.

   (d) a quo loco.

6. Novum Eboracum est et urbs et civitas. Ergo, urbs idem est atque civitas.

   (a) Verum.

   (b) Falsum.

   (c) Difficile est dictu.

7. In America sunt _____ civitates.

   (a) quinquaginta

   (b) sexaginta

   (c) triginta

   (d) quinque

8. Num habitat Marcus solus?

   (a) Haud dubie.

   (b) Minime.

   (c) Certe.

   (d) Ita.

9. Diaeta, quae in insula invenitur, est...

   (a) cibus.

   (b) domicilium.

   (c) animal.

   (d) vehiculum.

10. Diaetae Novi Eboraci sunt pretiosae, id est...

    (a) pulchrae.

    (b) carae.

    (c) viles.

    (d) parvae.

11. Marco sunt _____ familiares.

12. Nomen _____ Marci est Maria.

13. Nomen sororis Marci _____ Clara.

14. Ioannes habitat _____ familia.

15. Sunt quattuor _____ quibuscum Marcus habitat.

16. Putasne Marcum iuvenem amicabilem esse? Cur?

17. Credisne Marcum sedulum discipulum esse? An non?

18. Ubi habitas? Habitasne solus/sola an in diaeta cum quibusdam aliis?

CORINNA
LECTIO II

Corinna iuvenis Colombiana est. Corinna habitat in Italia, non in Colombia. Ubi habitat Corinna? Corinna in Italia habitat. Ubi est Italia? Italia in Europa est. Ubi in Italia habitat Corinna? Corinna Romae habitat. Roma est urbs Itala. In Italia multae urbes sunt. Aliae urbes Italae sunt Mediolanum, Neapolis, Florentia, et ceterae multae. Num Corinna habitat Mediolani? Corinna non Mediolani neque Florentiae neque Neapoli, sed Romae habitat. In familia sunt mater, pater, et frater. Familia autem non Romae, sed Bogotae in Colombia habitat. Pater Corinnae est professor apud universitatem. Frater est discipulus in lycaeo, et adhuc domi habitat. Mater est medica et in valetudinario aegros sanat. Ubi habitat Corinna? Num Corinna sola habitat? Corinna Romae habitat, non sola, sed cum amicis in diaeta.

Italia

universitas

undeviginti (XIX)

viginti (XX)

Corinna est discipula et linguae Latinae et litteris Latinis Romae studet. Etiam Marcus est discipulus apud universitatem. Quot annos natus est Marcus? Marcus undeviginti annos natus est. Quem annum agit Marcus? Marcus annum undevicesimum agit. Quot annos nata est Corinna? Corinna unum et viginti annos nata est. Quem annum agit Corinna? Corinna unum et vicesimum annum agit. Ubi natus est Marcus? Marcus in America natus est. In qua civitate? In Novo Eboraco. In qua urbe? Novi Eboraci natus est. Ubi nata est Corinna? Corinna in Colombia nata est. In qua urbe? Corinna Bogotae nata est.

ego loquor
tu loqueris
ille loquitur

Corinna colloquium cum nova discipula Ioanna habet:

CORINNA: Salve! Sum Corinna. Quis es tu? Esne nova discipula? Quid est nomen tibi?

IOANNA: Sum Ioanna. Ita est, sum discipula nova.

CORINNA: Ubi habitas?

IOANNA: Nunc Romae habito, sed nata sum Monaci, in Germania.

lingua

CORINNA: Monaci? Esne Germana? Cur tam bene Italice loqueris?

nos loquimur
vos loquimini
illi loquuntur

IOANNA: Pater meus est Germanus, sed mater mea est Itala. Ego et Italice et Germanice loquor. Quibus linguis loqueris tu?

CORINNA: Ego ex Colombia orta sum, ergo Hispanice loquor. Linguae Italicae studeo, sed non bene loquor. Etiam Latine loquor.

Ego ex Colombia
orta sum —
Colombia est
patria mea,
Colombiana sum

IOANNA: Latine loqueris? Ego linguae Latinae studeo, sed non bene loquor.

CORINNA: Non multi homines bene loquuntur Latine. Sed pater meus et mater mea Latine loquuntur, ergo et ego Latine loquor.

IOANNA: Mirum!

LECTIO II EXERCITIA

1. **Quis est Corinna?**
   (a) Puella Graeca.
   (b) Puella Colombiana.
   (c) Puella Itala.
   (d) Puella Americana.

2. **Ubi habitat Corinna?**
   (a) In Europa.
   (b) In America.
   (c) In Germania.
   (d) In Italia.

3. **In qua urbe habitat Corinna?**
   (a) Romae.
   (b) In Roma.
   (c) Monaci.
   (d) Mediolani.

4. **_____ non est urbs Itala.**
   (a) Novum Eboracum
   (b) Roma
   (c) Neapolis
   (d) Mediolanum

5. **Corinna sola habitat.**
   (a) Ita.
   (b) Non sola sed cum amicis.
   (c) Non sola sed cum familia.
   (d) Verum est.

6. **Mater Corinnae aegros...**
   (a) educant.
   (b) manet.
   (c) sanat.
   (d) educat.

7. **Illa (mater) operam dat...**
   (a) in schola.
   (b) domi.
   (c) in valetudinario.
   (d) libris.

8. **Corinnae amica est nova discipula. Discipulorum est...**
   (a) docere.
   (b) magistrum vexare.
   (c) discere.
   (d) canere.

9. **Colombia est nomen...**
   (a) Corinnae amicae.
   (b) civitatis.
   (c) urbis.
   (d) lycaei.

10. **Marcus est amicus Corinnae.**
    (a) Verum.
    (b) Falsum.
    (c) Marcus est canis.
    (d) Nescimus.

11. Corinna est _____ annos nata.

12. Corinna loquitur _____ Ioanna.

13. Corinna loquitur cum _____ nova.

14. _____ est nomen tibi?

15. Ioanna discipula apud _____ est.

16. Quot linguis uti potes? Placetne tibi linguis studere?

17. Quam urbem putas pulcherrimam esse? Cur? Responde Latine aut Anglice.

COLLOQUIA
LECTIO III

studere + dat.

culina

caffea

contubernales in uno cubiculo unave diaeta habitant

Quattuor amici cum Marco in diaeta habitant. Una ex amicis est Aemilia. Et Marcus et Aemilia linguis classicis student, et saepe Latine colloqui conantur. Ecce colloquium Marci et Aemiliae in culina:

MARCUS: Salve, Aemilia! Quomodo te habes hodie?

AEMILIA: Salve, Marce! Ego bene me habeo hodie, gratias. Quid novi?

MARCUS: Nihil novi. Visne caffeam bibere?

AEMILIA: Libenter, quaeso.

MARCUS: Ergo conside et bibe, amice. Quomodo se habent amici et contubernales nostri?

AEMILIA: Ii bene se habent, ut mihi videtur, nam adhuc in cubiculis suis dormiunt.

MARCUS: Adhuc dormiunt? Beati sunt!

AEMILIA: Ita est ut dicis, amice.

MARCUS: Visne ire mecum ad vivarium hodie?

dormit

AEMILIA: Maxime volo ire tecum ad vivarium, sed hodie non possum: nam necesse est mihi ire ad universitatem.

Marcus colloquium telephonicum cum amica Patricia habet:

MARCUS: Salve, Patricia! Quomodo te habes hodie?

PATRICIA: Salve, Marce! Ego bene me habeo hodie, gratias. Quid novi?

MARCUS: Nihil novi. Quomodo se habet frater tuus?

PATRICIA: Frater meus bene se habet, sed nunc domi non est.

MARCUS: Si domi non est, ubi est?

PATRICIA: Num custos fratris mei sum? Sed fortasse est apud universitatem. Quis scit?

vivarium

MARCUS: Sed tu adhuc domi es?

PATRICIA: Ita est ut dicis, domi sum.

MARCUS: Quid facis tu hodie? Visne mecum ad vivarium venire?

PATRICIA: Certe volo! Maxime placet mihi animalia videre.

MARCUS: Optime! Potesne venire ad Campum Centralem?

PATRICIA: Possum. Quota hora venire debeo?

MARCUS: Veni hora tertia post meridiem.

PATRICIA: Veniam. Ubi in Campo Centrali te inveniam?

*Balto est canis
clarus*

MARCUS: Prope statuam Baltonis! Inde poterimus ambulare ad vivarium. Scisne ubi sit statua Baltonis?

pellicula

PATRICIA: Ita vero! Balto est pellicula mihi praedilecta. Omnes canes amo, sed praecipue adoro Baltonem.

MARCUS: Tecum sto, amica. Mox te videbo!

PATRICIA: In proximum.

LECTIO III EXERCITIA

1. Quis est Aemilia?

   (a) Amica Marci.

   (b) Ignota.

   (c) Soror Marci.

   (d) Mater Marci.

2. Marcus et Aemilia saepe Latine...

   (a) colloquitur.

   (b) colloquuntur.

   (c) colloquimini.

   (d) colloquor.

3. "Salve Aemilia, inquit Marcus, quomodo te habet hodie?" Quid male se habet in eius verbis?

   (a) Aemilia.

   (b) Habet.

   (c) Te.

   (d) Quomodo.

4. Statua Baltonis est...

   (a) Canis.

   (b) Simulacrum canis.

   (c) Pellicula.

   (d) Vivarium.

5. Marcus et Aemilia caffeam...

   (a) bibitur.

   (b) bibunt.

   (c) bibit.

   (d) bibitis.

6. Marcus: "Adhuc dormiunt? Beati sunt." Aemilia: "Ita est ut dicis, amice." Ergo Marci verbis Aemilia...

   (a) consentit.

   (b) dissentit.

   (c) bona est.

   (d) non est bona.

7. Non licet Marco et Aemiliae dormire. Id significat...

   (a) dormire non possunt.

   (b) dormire possunt.

   (c) dormire nolunt.

   (d) dormire debent.

recta sunt.

8. Marcus colloquium telephonicum cum Patricia habet, id est...

   (a) Marcus Patriciam telephonice appellat.

   (b) Marcus cum telephono loquitur.

   (c) Marcus Patriciae epistulam scribit.

   (d) Marcus cum Patricia colloqui non potest.

9. "Salvete," inquit Marcus, "Patricia!" In eius verbis non bene se habet ...

   (a) Salvete.

   (b) inquit.

   (c) Marcus.

   (d) Patricia.

10. "Frater meus," inquit Patricia, "bene se habet." Eius frater igitur...

   (a) valet.

   (b) non aegrotat.

   (c) sanus est.

   (d) Omnia haec responsa

11. Marcus ad Campum Centralem _____ vult.

12. Patricia ibit _____ Marco ad Campum Centralem.

13. Marcus cum Patricia telephonice _____.

14. Marcus in diaeta _____ cum quattuor amicis.

15. Aemilia _____ caffeam bibere.

16. Quae pellicula est tibi praedilecta? Cur?

17. Visitavistine vivarium aliquando? Ubi erat vivarium? Responde Latine aut Anglice.

AD VIVARIUM
LECTIO IV

Marcus et Patricia ad vivarium ambulant et tesseras emunt. Tunc in vivarium intrant et multa animalia spectant. Ecce eorum colloquium:

tesserae

PATRICIA: Hoc vivarium maxime mihi placet!

MARCUS: Mihi quoque placet. Sunt tot animalia pulchra.

PATRICIA: Re vera est magna animalium pulchrorum multitudo. Aspice illos porcupinos! Tam pulchri sunt.

MARCUS: Sto tecum. Habent tot spinas porcupini illi! At mea quidem sententia, pinguini pulchriores sunt quam porcupini.

mea quidem sententia—ut opinor, secundum opinionem meam

PATRICIA: Procul dubio pulchri sunt pinguini. Aspice

*pinguinus parvus
et pinguinus
magnus*

*pinguinulus est
pinguinus parvus*

vestis convivalis

illum pinguinum parvum, qui sub pedibus alterius pinguini stat. Pulchellus est ille pinguinulus!

MARCUS: Recte dixisti! Maxime mihi placet modus ambulandi, quem habent pinguini. Et quoniam sunt albi et nigri, videntur vestes convivales gerere! Sed est aliud animal pinguino pulchrius.

PATRICIA: Quod animal dicere vis?

MARCUS: Volo dicere bradypum.

PATRICIA: Quale animal est bradypus?

MARCUS: Est animal in orbe terrarum pulcherrimum!

PATRICIA: Describe bradypum, quaeso.

MARCUS: Folia arborum edunt bradypi...

PATRICIA: Multa animalia folia edunt…

MARCUS: ...et in arboribus habitant...

PATRICIA: Suntne simiae?

MARCUS: Bradypi sunt simiis similes, sed non sunt simiae. Simiae sunt veloces, sed bradypi sunt tardi. Re vera bradypus est animal tardissimum.

PATRICIA: Ah! Intellego! Habentne bradypi saepe tres digitos pedis?

bradypus

MARCUS: Ita vero! Et quoniam raro moventur, sunt visu difficiles.

digiti pedis

PATRICIA: Immo difficillimi! Et sto tecum. Bradypi sunt pulcherrimi.

MARCUS: Sed satis de animalibus pulchris… Quod animal, tua quidem sententia, est in orbe terrarum maxime periculosum?

PATRICIA: Sunt multa animalia periculosa. Aspice crocodilos illos! Multos dentes habent. Non volo natare, ubi se celant crocodili.

se celant crocodili

MARCUS: Neque ego. Hippopotami quoque sunt periculosi. Sed etiam magis timeo leones.

PATRICIA: Leones, tigres, et ursi, papae! Tam fortes et tam veloces sunt. Et maximas habent ungulas!

ungulae

MARCUS: Aspice illum leonem! Re vera est rex silvae.

PATRICIA: Visne audire fabulam de leone?

MARCUS: Ita vero!

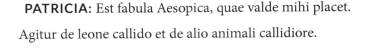

agitur de leone callido — pertinet ad leonem callidum

vetusti

cervi

aegrotus

Minime gentium —Non

fingebat— simulabat, praetendebat

PATRICIA: Est fabula Aesopica, quae valde mihi placet. Agitur de leone callido et de alio animali callidiore.

MARCUS: Narra fabulam, quaeso!

PATRICIA: Audi. Erat olim leo vetustus. Non iam erat iuvenis, sed annis provectus.

MARCUS: Leo igitur senex erat.

PATRICIA: Recte dixisti. Et quoniam senex erat, non iam erat tam velox quam antea, neque poterat cervos et girafas et alia animalia capere. Ergo consilium cepit.

MARCUS: Quod consilium cepit leo?

PATRICIA: In speluncam suam intravit et ululare coepit, quasi esset aegrotus.

MARCUS: Sed aegrotus non erat?

PATRICIA: Minime gentium! Sanus erat, sed fingebat se esse aegrotum.

MARCUS: Quam ob rem?

PATRICIA: Volebat alia animalia ad se venire. Et veniebant.

MARCUS: Cur?

PATRICIA: Quia leonem, regem silvae, salutare et adiuvare et sanare volebant; putabant enim leonem esse aegrotum, ergo non timidi erant. Itaque singulatim, unum post aliud, in cavernam intraverunt...

MARCUS: Et quid factum est?

PATRICIA: ...omnia animalia devoravit leo!

MARCUS: Eheu! Me miseret eorum animalium! Tam crudelis est leo!

PATRICIA: Et tam credula erant omnia alia animalia. Omnia, id est, praeter unum animal.

MARCUS: Quod animal dicere vis?

PATRICIA: Vulpes, quae est animal callidissimum. Uno die vulpes ad cavernam leonis appropinquavit. Leo vulpem in cavernam invitavit, dicens: 'Salve, vulpes! Veni in cavernam meam, me saluta, me adiuva, quaeso. Nam aegrotus sum, et senex, et morti proximus.'

MARCUS: Tam callidus erat leo!

vulpes

*appropinquavit —
adiit*

PATRICIA: Sed vulpes erat callidior. Nam hoc modo leoni respondit: 'Cura, o rex silvae, ut melius te habeas. Sed in cavernam tuam non intrabo. Nam vestigia aliorum animalium prope cavernam tuam nunc aspicio. Omnia vestigia in cavernam intrant, sed nulla vestigia e caverna exeunt.'

MARCUS: Vulpes est in orbe terrarum animal callidissimum!

PATRICIA: De hoc exemplo etiam nos possumus documentum intellegere: de aliorum periculis discere debemus! Si non, in eadem pericula inibimus.

MARCUS: Bonum consilium! Ego igitur numquam in cavernam leonis intrabo, nisi leo re vera est aegrotus.

stolidissimum —
stultissimum

PATRICIA: Tu es, Marce, in orbe terrarum animal stolidissimum.

1. Quid possumus in vivario spectare?
   (a) vestimenta
   (b) pallia
   (c) animalia
   (d) simulacra

2. Quae animalia putat Patricia pulcherrima esse?
   (a) bradypi
   (b) pinguini
   (c) porcupini
   (d) leones

3. Unum inter animalia haec habitat in arboribus. Quod animal est?
   (a) leo
   (b) crocodilus
   (c) simia
   (d) ursus

4. Quot digitos pedis habent saepe bradypi?
   (a) quattuor
   (b) quinque
   (c) duo
   (d) tres

5. Si quid visu difficile est, hoc significat...
   (a) ab illo videri difficile est.
   (b) omnia videre non facile est.
   (c) id videre difficile est.
   (d) aliquid videre facile est.

6. Cur sunt ursi periculosi?
   (a) quia valde fortes sunt.
   (b) quia ungulas habent.
   (c) quia veloces sunt.
   (d) ea omnia vera sunt.

7. Quis est Aesopus?
   (a) animal periculosum.
   (b) iuvenis, qui animalia amat.
   (c) auctor fabularum.
   (d) animal tardissimum.

8. Quis est rex silvae?
   (a) Aesopus.
   (b) leo.
   (c) hippopotamus.
   (d) bradypus.

9. Si quis credulus est, hoc significat idem ac...

    (a) aliquis, qui aliis facile credit.

    (b) aliquis, qui aliis difficile credit.

    (c) aliquis, qui nemini credit.

    (d) aliquis, qui crudelis est.

10. Si aegrotas, oportet te...

    (a) animalia in cavernam invitare.

    (b) domi manere.

    (c) callidum/callidam esse.

    (d) medicos adiuvare.

11. Pinguini sunt _____ et nigri.

12. Vulpes est animal in _____ terrarum callidissimum.

13. Leo vulpem in cavernam suam _____ .

14. "Senex sum", inquit leo, "et _____ proximus".

15. Cur vulpes callidissimum omnium animalium vocatur? Quid est calliditas?

16. Quae animalia putas pulcherrima esse? Potesne verba Latina invenire, quibus animalia illa describas?

DIAETA
LECTIO V

insula

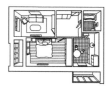

conclavia

cubiculum

conclave est vocabulum
universale, conclavia
sunt cubicula, culina,
etc.

Marcus Novi Eboraci in diaeta cum quattuor contubernalibus habitat. Diaeta Marci est in insula magna. Insula est magnum aedificium in quo sunt multae diaetae. In magnis urbibus homines in diaetis habitare solent, non in villis. Quot conclavia habet diaeta? Diaeta satis magna est: nam sunt in ea octo conclavia: quinque cubicula, culina, balneum cum latrina, et unum medianum, quod est magnum conclave in media diaeta positum.

Quid homines in cubiculis facere solent? In cubiculis homines dormire solent. Quid homines in culina facere solent? In culina homines coquere et esse solent. In magno conclavi quid homines facere solent? Multa in magno conclavi faciunt! Exempli gratia, televisionem

femina coquit

interrete utitur

spectant, libros legunt, cum amicis colloquuntur, interrete utuntur, et cetera. Interdum homines in magno conclavi etiam dormiunt! Quis in magno conclavi dormire solet? Hospites in magno conclavi dormire solent.

balneum cum latrina

Quid est balneum? Balneum est conclave in quo homines lavantur. Hodie paene omnes balneum domi habent, sed antiquis temporibus solum divites Romani balneum domi habebant, et alii homines in thermis publicis lavari solebant. In hodiernis balneis etiam latrina esse solet. Quid homines in latrina facere solent? In latrina homines vesicam vel alvum exonerant.

Quattuor amici cum Marco in diaeta habitant. Unus ex amicis est Stephanus. Et Marcus et Stephanus linguis classicis student, et saepe Latine colloqui conantur. Aemilia quoque in eadem diaeta cum aliis habitat. Sara est nova contubernalis. Sara et Aemilia sunt doctissimae. Eae quoque Latine loquuntur. Alexander est alius amicus, sed ille Latine loqui non potest. Alexander est unicus in diaeta qui Latine non loquitur.

Ecce primum colloquium quod Marcus cum Sara habet:

MARCUS: Salve! Nomen mihi est Marcus. Quid est nomen tibi?

SARA: Salve, Marce! Nomen mihi est Sara.

colloquium

MARCUS: Ubi habitas?

SARA: Nunc Novi Eboraci habito, sed nata sum in California.

MARCUS: Ubi?

SARA: Angelopoli. Ubi habitas tu?

MARCUS: Ego Novi Eboraci habito, et Novi Eboraci sum natus et educatus. Sed mea familia Angelopoli habitat.

SARA: Quae concursio rerum fortuita! Esne discipulus?

MARCUS: Sic, sum discipulus.

SARA: Quibus rebus studes?

MARCUS: Linguis et litteris classicis studeo.

SARA: Linguis classicis? Id est, linguae Latinae et

linguae Graecae studes?

MARCUS: Ita est ut dicis. Sunt multae in mundo linguae classicae, sicut Sinica et Arabica et Sanskritica--sed ego linguae Latinae et linguae Graecae studeo.

SARA: Mirum! Hae linguae sunt valde difficiles!

MARCUS: Non sunt tam difficiles! Sed sat de me. Dic mihi aliquid de te ipsa.

SARA: Ego quoque sum discipula. Sed litteris Gallicis studeo.

verbo 'loqui' utimur cum adverbio vel cum ablativo

MARCUS: Gallice loqueris? Quibus aliis linguis loqueris?

SARA: Gallice, Germanice, et Anglice satis bene loquor, sed etiam Hispanice et Italice intellegere possum.

magnum ingenium habes, es magni ingenii!

MARCUS: Mirabile! Tam multis linguis loqui et intellegere potes! Magno ingenio es praedita. Tibi invideo.

SARA: Vix mirabile neque difficile factu, nam pater meus Germanus est et semper mecum Germanice loquitur, linguae Gallicae in ludo et iam apud universitatem studeo, et lingua Italica et lingua Hispanica valde sunt similes linguae Gallicae et linguae Latinae. Hac de causa hae duae linguae facile intellegi possunt.

hac de causa— ergo

MARCUS: Vix credibile! Ego vix Latine et Anglice loqui possum, et iam linguae Graecae studeo. Et aliqua verba Italica disco, ut mox iter in Italiam facere possim.

SARA: Beatus es! Italia mihi valde placet. Sed iam mihi abeundum est, nam ad multam noctem collocuti sumus. Gratias, Marce, tibi ago. Valeas in proximum!

MARCUS: Vale!

1. Ei quibuscum habitamus
   sunt...
   (a) amici.
   (b) familiares.
   (c) contubernales.
   (d) boni.

2. Saepe is qui in diaeta
   habitat...
   (a) ruri habitat.
   (b) in agris habitat.
   (c) in magna urbe habitat.
   (d) in villa habitat.

3. Aedificium cum diaetis
   plurimis vocatur...
   (a) urbs.
   (b) insula.
   (c) vicus.
   (d) vehiculum.

4. Quis operam dat in culina?
   (a) Magister
   (b) Coquus
   (c) Piscator
   (d) Athleta

5. Marcus, sicut alii, in
   cubiculo solet...
   (a) dormire.
   (b) ambulare.
   (c) canere.
   (d) ludere.

6. Cibum sumere potest dici
   pro...
   (a) dormire.
   (b) esse.
   (c) libros legere.
   (d) balneum.

7. Quoniam Sara multis
   linguis loqui potest, _____
   Marcus invidet.
   (a) ei.
   (b) eam.
   (c) suo.
   (d) se.

8. Quales Romani antiquis
   temporibus balneum domi
   habebant?
   (a) Pauperes.
   (b) Divites.
   (c) Omnes.
   (d) Nemo.

9. In latrina homines solent mingere, id est...

   (a) alvum exonerare.

   (b) saltare.

   (c) lavari.

   (d) vesicam exonerare.

10. Ubi solent servari vestes?

    (a) In mensa scriptoria.

    (b) In computatorio.

    (c) In vestiario.

    (d) In sella.

11. In _____ ibo ut corpus meum lavare possim.

12. In _____ cibus saepe paratur.

13. Verbo 'mederi' utimur cum _____ dativo.

14. Homines in cubiculo _____ solent.

15. "Ubi _____ ?", rogat Marcus. "Nunc," inquit Sara, "Novi Eboraci habito."

16. Quid de colloquio inter Marcum et Saram sentis? Responde Latine.

17. Quibus rebus studere velis? Responde Latine aut Anglice.

18. Cur oportet discipulos inter se loqui, ut linguam bene discere possint?

DE OFFICIIS
LECTIO VI

*archaeologi
investigant*

Mater Marci est professor. Quid facit professor? Professor docet. Ubi docet professor? Apud universitatem docet. Magistri et magistrae contra non apud universitatem, sed in ludo vel in lycaeo docent. Quid profitetur mater Marci? Ea archaeologiam profitetur, nam est archaeologa. Quid facit archaeologus? Archaeologus est homo qui monumenta et aedificia antiqua investigat et explorat. Mater Marci archaeologiam docet, sed etiam historiam et linguas antiquas interdum docet, nam archaeologi etiam historiam et linguas scire debent.

Marcus habet unum fratrem maiorem. Frater Marci est discipulus apud universitatem. Quid faciunt discipuli et discipulae? Discipuli discunt. Apud quam universtatem studet frater Marci? Apud universitatem Neoeboracensem, quae est Novi Eboraci. Marcus habet etiam unam sororem minorem. Ea est discipula in ludo. Quot annos nata est? Ea est undecim annos nata.

undecim (XI)

Pater Corinnae quoque est professor, sed interdum in lycaeo docet. Quid docet in lycaeo? Is historiam docet. In America omnia lycaea sunt similia, sed in Italia sunt plurima genera lycaeorum: exempli gratia, alii discipuli lycaea classica frequentant, alii discipuli lycaea scientifica, alii lycaea artium frequentant. Quibus rebus in lycaeis classicis student discipuli? In lycaeis classicis discipuli praesertim linguis, litteris, historiae, philosophiae, et arti student. Quibus contra rebus in lycaeis scientificis operam dant? In lycaeis scientificis discipuli operam dant biologiae, chemiae, physicae, et mathematicae.

scholam frequentare— ire cotidie in scholam

operam dare— studere

Mater Corinnae est medica. Quid medici faciunt? Medici homines aegros curant et sanant. Verba 'curare' et 'sanare' sunt synonyma, i.e., idem significant et eandem significationem habent. 'Mederi' est tertium synonymum. Sed hoc verbo utimur cum casu dativo, non accusativo, i.e., dicimus: 'Medicus morbum sanat,' sed 'medicus morbo medetur.'

Corinna duabus linguis loqui potest. Quibus linguis? Corinna Hispanice et Latine loquitur. Nunc Italice loquitur, ergo tribus linguis loquitur. Multi Americani Anglice et Hispanice loquuntur, et omnes Itali Italice loquuntur. Paucissimi autem Latine loquuntur. Cur Corinna Latine loqui

genitores—
mater et pater

potest? Quia parentes eius a primis annis cum ea non solum Hispanice sed etiam Latine loquuntur. Latina autem non est eius lingua patria (neque lingua materna), nam Latina nunc est lingua nullius gentis. Nihilominus, homines docti in toto orbe terrarum hac lingua uti pergunt, et nonnulli etiam Latine loquuntur. Parentes Corinnae sunt doctissimi, litteras Latinas valde amant, et suae filiae Corinnae amorem litterarum Latinarum dare velint. Hac de causa a teneris annis

a teneris annis—
ab infantia, inde
ab initio vitae

(i.e., ab infantia) filiam suam Corinnam Latine docent.

Marcus autem Anglice tantum loquitur. Non bene Latine loquitur, quia nec parentes nec magistri cum eo Latine loquuntur. Plerumque Americani solum Anglice loqui possunt. Inde est hic iocus:

Quomodo vocas eum qui tribus linguis loquitur? Eum trilinguem vocas. Quomodo vocas eum qui duabus linguis loquitur? Eum bilinguem vocas. Sed quomodo vocas eum qui solum una lingua loquitur? Eum Americanum vocas!

LECTIO VI EXERCITIA

1. Marcus linguam Latinam studet. Quid male se habet in hac sententia?

   (a) Marcus.

   (b) Linguam Latinam.

   (c) Studet.

   (d) Nihil.

2. Marcus non tam bene Latine loquitur quam Anglice. Ille igitur...

   (a) melius loquitur Anglice quam Latine.

   (b) Latine non loquitur.

   (c) Anglice non loquitur.

   (d) linguam Latinam amat.

3. Corinna interdum Latine loquitur, id est...

   (a) semper.

   (b) non saepe.

   (c) cotidie.

   (d) numquam.

4. Is qui duabus linguis loquitur vocatur _____.

   (a) trilinguis

   (b) bilinguis

   (c) iocus

   (d) solum

5. Qua lingua nunc loquitur Corinna?

   (a) Graeca.

   (b) Italica.

   (c) Sinensi.

   (d) Arabica.

6. Quid est munus matris Marci? Illa est...

   (a) professor.

   (b) medica.

   (c) ingeniaria.

   (d) magistra.

7. Medici homines aegros sanare...

   (a) possent.

   (b) possunt.

   (c) potest.

   (d) non possunt.

8. Mater Corinnae archaeologiam profitetur. Illa...

   (a) docet.

   (b) est medica.

   (c) est trilinguis.

   (d) Marcum amat.

_ _ _ _ _ _ _ est.

9. Illa, quae investigat monumenta et aedificia antiqua, vocatur...

   (a) archaeologa.

   (b) professor.

   (c) archaeologus.

   (d) magistra.

10. Studia mathematica me valde delectant. In quod lycaeum oportet me ire?

   (a) linguarum.

   (b) artium.

   (c) scientificum.

   (d) classicum.

11. Corinna, Colombiana iuvenis, _ _ _ _ _ _ _ _ _ _ _ Anglice et Hispanice.

12. Pauci sunt magistri _ _ _ _ _ _ _ _ Latine loqui possunt.

13. Marcus _ _ _ _ _ _ _ _ cum maxima difficultate Latine loqui.

14. Archaeologi non solum historiam et monumenta, sed etiam _ _ _ _ _ _ _ scire debent.

15. Marci soror discipula in

16. Quid interest inter lycaea Americana et lycaea Italica? Responde Latine.

17. Quam linguam discere cupis? Ubi homines ea lingua utuntur?

PALATINUM
LECTIO VII

Corinna nunc Romae habitat cum contubernalibus qui Latine loquuntur. Contubernalis quisque cubiculum suum habet. Quid habet Corinna in cubiculo suo? In cubiculo suo Corinna habet lectum, mensam scriptoriam, computatorium, sellam, armarium. In lecto Corinna dormit. In mensa scriptoria Corinna scribit et studet et pensa domestica facit. In sella Corinna sedet. In armario Corinna sua vestimenta habet. Corinna saepe computatorio utitur cum sua pensa domestica facit. Computatorium est manifesto instrumentum utilissimum, nisi multas horas in nugis consumis.

Quattuor amici cum Corinna in diaeta habitant. Unus ex amicis est Iacobus. Et Corinna et Iacobus linguis classicis student, et saepe Latine colloqui conantur.

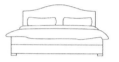

lectus

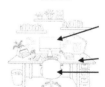

computatorium
mensa scriptoria
sella

vestiarium

vestimenta

Iacobus interdum partem fatui agit, sed re vera est humanissimus et eruditus. Robertus quoque in eadem diaeta cum aliis habitat. Robertus est photographus cui placet lingua Latina. Lea est nova contubernalis. Illa quoque Latine loquitur. Omnes qui in diaeta habitant Latine loquuntur.

Hodie amici montem Palatinum ascendunt et ruinas archaeologicas visitant. Corinna est dux, quia multa de rebus antiquis scit. Ecce eorum colloquium:

CORINNA: Hac in parte aspicimus templum Magnae Matris, ubi fabula Plauti, cui titulus Pseudolus, primum agebatur…

cui titulus —quae appellatur, quae nominatur

IACOBUS: Ooh, ecce aves!

CORINNA: In dextra parte Augustus, imperator Romanus, habitabat…

aves

IACOBUS: Aspicio tres aves!

CORINNA: In parte sinistra, invenimus domum Liviae, ubi uxor Augusti habitabat…

IACOBUS: Quattuor aves! Quinque aves! Aspicite!

CORINNA: Augustus quoque templum Apollinis prope domum suam construxit…

IACOBUS: Utinam Apollo me sagittis suis vulneret, si non decem aves iam aspexi!

Utinam Apollo me sagittis suis vulneret —Volo Apollinem me sagittis suis vulnerare

CORINNA: Et illic habitabant etiam alii imperatores, qui post Augustum imperium acceperunt. Palatium magnum et opulentum construxerunt…

IACOBUS: Tot aves sunt in caelo, quot pisces in mari! Aspicisne hanc multitudinem avium, Corinna?

LEA: Tace, Iacobe! Aves istas aspicere possumus, sed Corinnam audire conamur!

IACOBUS: Corinna, Corinna! Cur tot aves hic aspiciuntur? Procul dubio sumus in monte Aventino, quia tot aves hic aspici possunt.

Procul dubio—sine dubio

CORINNA: Ut ter quaterve iam dixi, Iacobe, sumus in monte Palatino.

IACOBUS: Ubi est Aventinus mons? Procul dubio aves illic volant.

CORINNA: Mons Aventinus illic invenitur, ultra Circum

Maximum. Sed gaudeo quod aves aspexisti, Iacobe, quia me fabulae admonuisti. Quis urbem Romam condidit?

LEA: Urbem condidit Romulus, primus rex Romanus. Hanc ob causam urbs 'Roma' appellatur, de nomine Romuli.

certamen

CORINNA: Recte dixisti, Lea. Cur autem urbs a Romulo, non a Remo, fratre eius, condita est?

LEA: Nonne erat certamen inter duos fratres?

CORINNA: Ita vero. Romulus Remusque urbem condere voluerunt. Unus alterum rogavit: 'Quis nostrum urbem aedificabit? Egone aedificabo, an tu?' Nesciebant. Ergo constituerunt aves rogare, et certamen augurii habuerunt. Hic in monte Palatino stabat Romulus, illic Remus, frater eius, in monte Aventino. Primum Remo sex aves, deinde Romulo duodecim aves apparuerunt. Remus urbem condere voluit, quia primum aves aspexit; Romulus autem voluit, quia aspexit plures. Opinio Romuli vicit, et ipse moenia urbis construxit. Hanc ob causam urbs non Remora appellatur, sed Roma!

IACOBUS: Quoniam ego hodie plures aves aspexi quam Romulus, urbs debet appellari 'Iacoba'!

LECTIO VII EXERCITIA

1. Quid non invenitur in Corinnae cubiculo?
   - (a) computatorium
   - (b) lectus
   - (c) armarium
   - (d) sagitta

2. Quot amici habitant in diaeta cum Corinna?
   - (a) duo
   - (b) quattuor
   - (c) sex
   - (d) quinque

3. Iacobus est valde eruditus, quia...
   - (a) plurimis linguis uti potest.
   - (b) aves in monte Palatino spectat.
   - (c) studia humanitatis colit.
   - (d) cum Corinna in diaeta habitat.

4. Quis in monte Palatino habitabat?
   - (a) Augustus imperator.
   - (b) Robertus photographus.
   - (c) Mater Corinnae.
   - (d) Plautus poeta.

5. Quis loquitur Latine in diaeta Corinnae?
   - (a) nemo.
   - (b) omnes.
   - (c) nonnulli.
   - (d) Corinna una.

6. Quot aves aspicit Iacobus?
   - (a) tres.
   - (b) decem.
   - (c) duodecim.
   - (d) plus quam duodecim.

7. Imperatores Romani palatium magnum construxerunt, ut ibi...
   - (a) habitent.
   - (b) habitant.
   - (c) habitarent.
   - (d) habitabant.

8. Ubi est Aventinus mons?
   - (a) prope montem Palatinum.
   - (b) ultra Circum Maximum.
   - (c) non procul a templo Apollinis.
   - (d) Omnia illa vera sunt.

9. "Procul dubio aves aspici possunt." Hoc significat...

    (a) fortasse possumus aves videre.

    (b) certe possumus aves videre.

    (c) non possumus aves videre.

    (d) dubito num aves videre possimus.

10. Romulus, Romae conditor, fuit...

    (a) Remi frater.

    (b) Remi filius.

    (c) Remi pater.

    (d) Remi augur.

11. Tot aves sunt in caelo, _____ pisces in mari.

12. Mons Palatinus in urbe _____ invenitur.

13. Post Augustum alii _____ acceperunt.

14. Aves in monte Aventino _____ volo.

15. Latine loquor, quia studia humanitatis valde mihi

    _____ .

16. Quomodo urbs Roma condita est? Quid de Romulo et Remo scis? Responde Latine, sodes!

17. Quis est Plautus? De illius comoediis aliquid investiga et Latine narra.

CYCLOPS
LECTIO VIII

Interim Novi Eboraci Marcus et Sara, conterbernalis eius, Museum Metropolitanum visitare constituunt. Hoc museum celeberrimum, quod Novi Eboraci invenitur, plenum est multis picturis pulchris et multis statuis visu dignis, necnon multis aliis operibus artisticis, quae ex toto orbe terrarum collecta sunt. Marcus et Sara intrant in museum seque ad partem sinistram in pedeplano conferunt, quia mirabilia imperii Romani et Graeciae antiquae opera admirari cupiunt. Per aulas rebus antiquissimis et pulcherrimis refertas ambulant, vasa Graeca ornate picta diligenter inspiciunt, statuas marmoreas optime conservatas obstupefacti admirantur. Sed postquam duas horas in musaeo consumpserunt, eundum animi et corporis statum non habent Sara et Marcus: illa in rebus antiquis scrutandis oculos suos

necnon — et

pedeplano — primo tabulato

refertas — plenas

scrutandis — inspiciendis

satiare non potest, et in itinere musaico progredi cupit; hic, cum sit et animo et corpore fessus et defatigatus, sedere vult. Ecce eorum colloquium:

occidi iussit

SARA: ...et in hoc conclavi licet nobis admirari imaginem Caracallae, imperatoris Romani crudelissimi, qui fratrem suum, nomine Getam, occidi iussit. Nonne et facies eius apparet esse...severa?

sellae

MARCUS: Ita, ita, severissima. Suntne sellae in hac parte musaei?

SARA: Intellegisne, Marce, iocum meum?

MARCUS: Tune iocum dixisti?

SARA: Ita vero, iocum dixi! Facies eius apparet esse severa... Caracalla erat filius Septimii Severi... Nunc intellegis?

MARCUS: Ah, ita. Bonus iocus est. Scisne ubi sedere possim?

SARA: Sed sunt tam multa visu dignissima hoc in musaeo! In proximo conclavi, exempli gratia, possumus videre opus mosaicum pulcherrimum, in quo imago feminae floribus coronatae est depicta. Est opus admirabile! Nonne hoc est...verum?

MARCUS: Ita, ita. Admirabile.

SARA: Re vera mihi placet hoc opus mosaicum, re vera perplacet. Quid putas?

MARCUS: Quam ob rem iterum iterumque dicis 're vera'?

SARA: Est lusus verborum. Quia haec femina est personificatio, ut dicitur, veris, id est, temporis vernalis. Nunc intellegis?

iacere in lecto

MARCUS: Ah, bene dixisti. Licetne mihi iacere hoc in lecto?

SARA: Minime gentium, Marce! Hic est lectus antiquus, abhinc bis mille annos fabricatus. Noli tangere illum lectum!

MARCUS: Sed fessus sum! Ubi sunt cubicula hoc in musaeo?

SARA: Sequere me ad proximum conclave!

MARCUS: Est locus re vera tenebrosus! Omnes parietes sunt nigri. Bene, in solo me deponam et hic dormiam…

SARA: Non licet tibi dormire in musaeo! Sed ecce, veni mecum: in proximo conclavi est sedile. Sede, si vis.

MARCUS: Ahhhhh. Tandem sedeo, et gaudeo.

SARA: Habesne te melius?

MARCUS: Immo, optime me habeo. Ut post longissimum iter, post multos labores Ulixes quieti se dedit, ita ego quiesco.

versute — callide

SARA: O vir versute, tam multa passus es. Heroice egisti hoc in itinere musaico!

MARCUS: Gratias tibi ago.

SARA: Sed gaudeo quod mentionem fecisti de Ulixe, quia in hoc conclavi invenitur repraesentatio unius ex periculis, in quae incidit heros ipse.

MARCUS: Ubi?

SARA: Illic, ante oculos tuos. Quid vides?

MARCUS: Parietem video.

paries, parietis

SARA: Ita… et quid in pariete vides?

MARCUS: Colores et lineas.

SARA: Est opus tectorium extractum ex villa antiqua, quae Vesuvio flammas saxaque vomente operta et obruta est. Sed hoc in opere tectorio quid potes videre?

MARCUS: Ex sedili meo non possum videre quid in pictura fiat.

SARA: Surge ergo et veni propius.

MARCUS: Nolo surgere.

SARA: Homo piger et ignavus es! Isto modo non se praebuit Ulixes.

MARCUS: Bene, surgo, sed plusquam invitus.   *invitus — nolens*

SARA: Et quid vides?

MARCUS: Video virum felicem et fortunatum.

SARA: Cur putas eum esse felicem?

MARCUS: Quia in saxo sedet.

SARA: Bene, et quid aliud vides?

MARCUS: Etiam feminam felicem et fortunatam video.

SARA: Et cur putas eam esse felicem?

MARCUS: Quia in delphino sedet.

SARA: Bene dixisti, sedent ambo. Quid aliud de viro et femina potes dicere?

caper, capri

MARCUS: Vir est rubro colore. Habet baculum in crure: est pastor, ut apparet, quia capri et caprae prope eum in gramine errant.

fistula

SARA: Recte dixisti! Est caprarius, id est, custos caprorum. Et quid habet vir in dextera manu?

MARCUS: Ludit fistula. Fortasse etiam carmen canit.

SARA: Carmen bucolicum certe, modo pastorum. Et cui canit?

MARCUS: Cantat ipsi feminae, ut puto, quae in dorso delphini seminuda vehitur. Nam vir feminam aspicit.

SARA: Et quot oculis aspicit feminam?

MARCUS: Duobus oculis, procul dubio!

SARA: Aspice diligentius…

MARCUS: Minime! Est viro tantummodo unus oculus!

SARA: Ergo quem putas esse hunc virum?

MARCUS: Estne Cyclops?

SARA: Ita vero, est gigas monophthalmus, nomine Polyphemus. Carmen cantat Galateae, nymphae marinae, in cuius amore ipse flagrat...sed frustra.

MARCUS: Cur frustra?

SARA: Ille nympham pulcherrimam amat, sed illa gigantem hirsutum unico oculo praeditum odit.

MARCUS: Proh dolor! Me miseret illius Cyclopis! Sed in opere, cui titulus Odyssea, Polyphemum invenimus valde dissimilem: est vir saevissimus et barbaricus, qui socios Ulixis devoravit!

SARA: Et quomodo fugit Ulixes cum sociis suis?

pecora

MARCUS: Vino fortissimo eum inebriavit, et trunco ardenti oculum Polyphemi dormientis exussit, et ex caverna exiverunt Ulixis socii alligati ad pecora, et Ulixes ipse ab ariete pendens... Tunc ab insula Cyclopum vela dederunt!

insula

SARA: Et quid fecit Polyphemus?

MARCUS: Conatus est saxo maximo submergere navem

Ulixis, sed frustra… At exspecta!

SARA: Quid?

MARCUS: In parte superiore huius picturae alius vir aspici potest, qui magnum saxum ex scopulo iacit… Estne idem Polyphemus?

scopulo — rupe

SARA: Procul dubio. Nam in parte dextra videmus partem navis Ulixis et sociorum…

MARCUS: Viri felices et fortunati!

SARA: Ita vero, quia navis eorum saxo a gigante iacto non demersa est.

MARCUS: Sed etiam fortunati sunt, quia in nave licuit eis sedere!

SARA: Tu re vera es vir ignavissimus.

LECTIO VIII EXERCITIA

1. Ubi est Museum Metropolitanum?

   (a) Londinii

   (b) Novi Eboraci

   (c) Romae

   (d) Berolini

2. Hoc NON potest inter mirabilia imperii Romani et Graeciae antiquae videri. Quid?

   (a) Caracallae simulacrum

   (b) vasa ornate picta

   (c) imago Getae a fratre suo depicta

   (d) mosaicum depingens feminam floribus coronatam

3. Septimius Severus fuit...

   (a) Caracallae filius

   (b) Caracallae frater

   (c) Caracallae avunculus

   (d) Caracallae pater

4. Ad sellam ambulo, ut possim...

   (a) sedere

   (b) volare

   (c) iocare

   (d) intellegere

5. Plurimae statuae antiquae in Museo Metropolitano factae sunt...

   (a) ex auro

   (b) ex ligno

   (c) ex marmore

   (d) ex argento

6. Si quid visu dignum est, hoc significat...

   (a) id videri posse.

   (b) id videri non posse.

   (c) id videri necessarium esse.

   (d) id videri melius esse quam non videri.

7. Cubiculum tenebrosum est, quia...

   (a) picturis ornatum est.

   (b) parietes nigri sunt.

   (c) Marcus et Sara fessi sunt.

   (d) Marcus dormire vult.

8. Ulixes longissimum iter fecit, sed postea...

   (a) se laboribus dedit.

   (b) occisus est.

   (c) domum numquam revenit.

   (d) requievit.

9. Ulixes piger et ignavus fuit.

   (a) Verum

   (b) Falsum

10. In quo opere Ulixes oculum Cyclopis exussit?

    (a) In Odysseia

    (b) In Iliade

    (c) In bucolicis carminibus

    (d) In Achilleide

11. Feminam video _____ et fortunatam.

12. Capri et caprae prope _____ in gramine errant.

13. Polyphemus nympham _____ amavit; sed frustra.

14. Galatea gigantem hirsutum uno _____ praeditum odit.

15. Sara dicit Marcum re vera _____ esse, quia ille dormire vult.

16. Quid de Polyphemo sentis? Estne monstrum horrendum an amans infelix? Responde Latine, sodes!

17. Putasne Ulixem virum felicem fuisse? Cur?

FORUM
BOARIUM
LECTIO IX

Interim Romae Corinna et amici eius in foro Boario ambulant. Ecce eorum colloquium:

LEA: Quantus clamor mihi aures pulsat! Quid, mehercle, istum clamorem facit?

CORINNA: Magna est vehiculorum constipatio hac in via, quam Mussolini dux fieri iussit. Ecce tot autobirotae, tot autoraedae, tot autoraedae longae, quae magnos faciunt clamores!

vehiculorum constipatio

LEA: Sto tecum, magnum strepitum faciunt haec vehicula. Sed alium quoque sonum audio… Clamat vox!

CORINNA: Non est mirum. Multi peregrinatores huc veniunt, quod os veritatis videre volunt. Nonnulli etiam audent manus sibi in os veritatis ponere. Si quis vera non

si quis — si aliquis

dicit, sed est homo mendax, et manum sibi in os ponit.... Non audeo dicere quid fiat!

LEA: Quid fit? Dic, quaeso, quid fiat!

CORINNA: Manus mendaci veritatis ore...amputatur!

LEA: Horribile dictu, et terribile auditu! Non tamen audivi vocem hominis, sed potius fremitum bestiae.

CORINNA: Quam bestiam audivisti?

LEA: Nisi fallor, bos mugit!

CORINNA: Res mira! Sed hic quidem non inaudita. Ambulamus enim in foro Boario. Hoc in loco Romani, tempore antiquo, boves emebant et vendebant.

macellum

LEA: Eratne macellum?

CORINNA: Ita vero. Erat macellum frequentissimum. Nam situm est prope flumen Tiberim inter montem Capitolinum et Palatinum et Aventinum. Hic etiam inventus est portus Tiberinus, quo res venales a mari per flumen adducebantur. Procul dubio tanta animalium turba, tanta hominum frequentia, tanta vehiculorum constipatio maximos clamores faciebant!

LEA: Num hodie boves hic emuntur et venduntur?

CORINNA: Minime.

LEA: Sed cur audio mugitum bovis?

CORINNA: Expecta… Ubi est Iacobus?

LEA: Nescio… Ah, eum aspicio. Iacobe! Iacobe!

IACOBUS: Moooooooo!!!!

LEA: Iacobe?!?! Quid facis, vir stolidissime?

IACOBUS: Moooooooo!!! Quid videor facere?

LEA: Mugisne?

IACOBUS: Mugio.

LEA: Et quam ob rem, mehercle, mugis?

IACOBUS: Recte dixisti!

LEA: Quid, mehercle, recte dixi?

IACOBUS: Quod dixisti!

LEA: Et quid dixi?

IACOBUS: Mehercle!

LEA: Quid, mehercle?

IACOBUS: Id, mehercle.

LEA: Quem ego…!

CORINNA: Consiste, quaeso, Lea. Dic iterum, Iacobe: Cur mugis?

IACOBUS: Lea iam explicavit. Herculem voco.

CORINNA: Herculem, filium Iovis, heroem Graecum, virum fortissimum vocas? At cur eum mugitu vocas?

IACOBUS: Ergo non est vobis nota fabula?

LEA: Quae fabula, mehercle?

IACOBUS: Recte dixisti!

LEA: Quid, mehercle, recte dixi?

IACOBUS: Quod dixisti!

LEA: Et quid…?

CORINNA: Expecta, Lea. Fabulam nobis narra, Iacobe, ob quam mugitu Herculem vocas.

IACOBUS: Narrabo. Olim, amici, antequam Romulus

urbem condidit, Hercules, post multos labores, ad hunc locum venit cum multis bobus, quos a Geryone rapuerat. Id temporis *'monstrum horrendum informe ingens'* et ignivomum, nomine Cacus, incolas huius regionis opprimebat, et multos homines crudeliter necaverat. Etiam cupiebat boves Herculis rapere; itaque, ubi heroem dormientem vidit, clam ad speluncam suam aliquot boves duxit. Hercules, postquam a sopore surrexit, aliquot boves deesse vidit; neque potuit vestigia boum sequi, quia Cacus coegerat eos retrorsum ad speluncam suam ambulare. Sed ubi Hercules speluncam Caci praeteribat, unus ex bobus coepit cum tristitia mugire; alii autem boves, qui in spelunca latebant, remugiebant. Hercules dolum intellexit, in speluncam intravit, monstrum necavit. Incolae maximas gratias heroi agebant, et in honore eius aram maximam aedificaverunt. Fundamenta huius arae sub illa ecclesia iacent!

bos, bovis
dat pl bobus

id temporis — illo tempore

spelunca

deesse — non adesse

vestigia boum

CORINNA: Optima fabula, Iacobe! Sed iterum rogo: cur tu mugiebas?

IACOBUS: Ut olim boves Herculem mugitu vocabant, sic ego mugitu eum voco.

CORINNA: Et cur Herculem vocas?

IACOBUS: Sum filius Herculis.

LEA: Quid dixisti?

IACOBUS: Hercules est pater meus.

LEA: Vera dicis?

IACOBUS: Non mentior.

CORINNA: Gratulor tibi, Iacobe! Veni mecum.

IACOBUS: Quo imus?

CORINNA: Volo tibi os veritatis monstrare.

IACOBUS: Quid est os veritatis?

CORINNA: Videbis.

LECTIO IX EXERCITIA

1. Cur magnus strepitus in via fit?
   - (a) Propter vehiculorum constipationem.
   - (b) Quia autoraedae nonnullae in via sunt.
   - (c) Propter animalium frequentiam.
   - (d) Quia vox aliqua clamat.

2. Quid est autobirota?
   - (a) Animal quoddam.
   - (b) Vox quaedam.
   - (c) Vehiculum quoddam.
   - (d) Homo quidam.

3. Cur multi peregrinatores ad forum Boarium perveniunt?
   - (a) Ut boves emere possint.
   - (b) Ut autoraedae clamorem faciant.
   - (c) Ut mugiant.
   - (d) Ut os veritatis videant.

4. Quis est homo mendax?
   - (a) Qui saepe vera dicit.
   - (b) Qui vera non dicit.
   - (c) Qui manum in os ponere audet.
   - (d) Qui vera nescit.

5. Lea dicit se...
   - (a) bovem in via vidisse.
   - (b) bovis mugitum audivisse.
   - (c) bovium aspectum non amare.
   - (d) boves emisse.

6. Macellum antiquum inveniebatur...
   - (a) prope flumen Anienem.
   - (b) prope pontem Tiberinum.
   - (c) procul a monte Palatino.
   - (d) procul a mari.

7. Vendunturne boves hodie in foro Boario?
   - (a) Certissime.
   - (b) Ita.
   - (c) Minime.
   - (d) Nescimus.

8. Mugitne Iacobus?
   - (a) Minime.
   - (b) Non mugit.
   - (c) Nemo scit.
   - (d) Mugit.

9. Hercules non fuit...
   (a) Graecus heros.
   (b) Romuli frater.
   (c) vir fortissimus.
   (d) Iovis filius.

10. In fabula boves mugiebant...
    (a) ut Herculem vocarent.
    (b) ne Hercules dormire posset.
    (c) ne Hercules eos raperet.
    (d) ut Cacus interfici posset.

11. Herculis fabulam nobis _____, amice noster.

12. Boves in spelunca cum _____ remugiebant.

13. Cacus monstrum _____ et horrendum fuit.

14. Incolae in Herculis honore _____ aedificaverunt, ut ei gratias agerent.

15. Propter vehiculorum _____ vocem tuam audire non possum.

16. Quid de Herculis laboribus scis? Responde Latine.

17. Putasne Iacobum hominem mendacem esse? Cur?

18. Velisne manum tibi in os veritatis ponere? Cur? Aut cur non?

VASINTONIA
LECTIO X

Vasintonia

Interim Novi Eboraci Sara et Aemilia constituunt Vasintoniam, caput Civitatum Foederatarum Americae Septentrionalis, petere, ut splendida urbis aedificia inspiciant et monumenta investigent. Itaque in stationem ferriviariam Magnam Centralem intrant ut tesseras emant: hisque emptis sedes suas inveniunt in tramine, quod iter Novo Eboraco Vasintoniam facit. Post tres horas ad stationem ferriviariam nomine Unionem, quae est centralis urbis Vasintoniae statio, perveniunt, et postquam ex statione exiverunt, ambulare per vias plateasque urbis incipiunt. Ecce eorum colloquium:

tramen
ferriviarium

AEMILIA: Utrum ego somnio, Sara, an per Romam renovatam atque restauratam ambulare videmur?

LECTIO X

SARA: Quid dicere vis?

AEMILIA: Explicabo. Simul ac de tramine descendimus, intravimus in aulam magnificam, marmore pretioso undique stratam, testudine magnae altitudinis instructam: putavi nos in thermas Diocletianas erravisse!

SARA: De magnificentia stationis, quae appellatur 'Unio,' a te non dissentio!

forte — fortasse

AEMILIA: Et cum ex statione ferriviaria exiremus, si forte meministi, sub arcu triplici ambulavimus: putavi nos sub arcu Constantini triumphum celebrare!

SARA: Bene memini illius arcus triplicis!

AEMILIA: Fortasse etiam animadvertisti, Sara, nonnullas statuas, quae super columnis arcus exstant?

SARA: Animadverti.

AEMILIA: His in statuis et Prometheus, qui ignem hominibus dedit, et Ceres, agri culturae dea, et Apollo, deus sapientiae, inter alios repraesentantur: iterum putavi

renata — nata iterum

nos esse in urbe Roma renata!

SARA: Intellego quid dicere velis. Hodie mane cum

per urbem ambularemus, complura aedificia conspexi, quae me et Graeciae antiquae et imperii Romani admonuerunt.

AEMILIA: Potesne unum alterumve exemplum afferre?

SARA: Facile possum. Nos a statione ferriviaria egressae primum visitavimus Supremum Tribunal, ubi novem illi iustititarii (id est, iudices) leges interpretantur et iura dicunt. Splendet autem aedificium ipsum, quod totum est ex marmore candidissimo factum, fastigiumque eius sedecim altissimis columnis fultum ad caelum surgit. Nihil aliud me aspicere existimabam quam antiquum templum Graecum.

fastigium

Supremum Tribunal

AEMILIA: Supremum Tribunal, nisi fallor, saepe appellatur templum iustitiae!

SARA: Inde digressae ad Curiam Vasintonensem, vel Capitolium, venimus, ubi senatores et legati populares de rebus maximi momenti disputant legesque ferunt. Cum cupolam Capitolii, quae sidera paene tangit, conspicerem, non aliter obstupefacta sum, quam cum primum Romae cupolam Panthei, templi Romani, admirarer.

vel — etiam

AEMILIA: Magnitudo aedificii vel magis amplificatur, quod in colle constructum est Capitolium.

SARA: Recte dixisti! Hoc est, in colle Capitolino. Venit mihi in mentem alterius montis Capitolini...

AEMILIA: Ita vero, Romae! Sed mentionem de cupola Panthei fecisti... Nonne etiam aliud monumentum vidimus, quod alterum Pantheum esse videbatur?

SARA: Visne dicere monumentum Thomae Jefferson, praesidi tertio et Declarationis Independentiae auctori, dedicatum? Pantheum ipsum nos videre putabam!

AEMILIA: Sto tecum. Architecti, qui hic Vasintoniae aedificia et monumenta fabricaverunt, sine omni dubio rebus antiquis, sed praecipue Romanis et Graecis, imbuti atque inspirati sunt!

SARA: Certe stilo architectandi 'neoclassico,' ut dicitur, favebant. Sed etiam res Aegyptias imitati sunt: aspice illud monumentum Georgio Vasintonensi, duci exercitus Continentalis et praesidi primo, dedicatum!

AEMILIA: Apparet esse magnus obeliscus!

SARA: Recte dixisti. Antequam turris, cui nomen Eiffel,

aedificata est, id erat aedificium in toto orbe terrarum altissimum!

AEMILIA: Re vera? Miror! Sed ubi nunc sumus? Aliud templum neoclassicum appropinquare videmur.

SARA: Nonne tibi est notum? Non dubito quin centies aut milies hoc aedificium videris. Etiam in nummis Americanis invenitur!

nummi

AEMILIA: Non credo. Quibus in nummis?

SARA: In fronte adversa et unius denarii et quinque thalerorum!

AEMILIA: Tantum chartis creditoriis utor…

SARA: Quid!? Nonne statuam marmoream, instar Colossi sedentis, intra aedificium videre potes?

AEMILIA: Possum.

mystax, mystacis

SARA: Nonne facies tibi bene nota est? Habet barbam, sed mystace caret.

AEMILIA: Multi homines barbati sunt, pauci mystaces habent.

SARA: Addam etiam haec verba: 'Abhinc annos octoginta et septem maiores nostri in his terris novam rempublicam pepererunt, in libertate conceptam dedicatamque huic proposito: omnes homines nasci aequales.'

pepererunt — fundaverunt

AEMILIA: Abhinc annos octoginta et septem? Ergo anno 1933o? Quam rempublicam dicere vis?

SARA: Aemilia! Tam imperita es historiae Americanae?

Praeses XVI

AEMILIA: Tantum iocor, Sara. Est mihi optime nota oratio Gettysburgensis, quam habuit praeses sextus decimus, servorum liberator, Abrahamus Lincoln, ante cuius monumentum mirabile nunc stamus.

SARA: Ah, bene est.

AEMILIA: Optime, ut obiter dicam, verba orationis Gettysburgensis in linguam Latinam transtulisti.

SARA: Gratias ago! Placet mihi hoc modo transferre. Stilus est mater linguae!

LECTIO X EXERCITIA

1. **Cur Sara et Aemilia stationem ferriviariam petunt?**
   - (a) Ut aedificium inspiciant.
   - (b) Ut Vasintoniam iter faciant.
   - (c) Ut Romam restaurent atque renovent.
   - (d) Ut per vias Novi Eboraci ambulent.

2. **Ubi sunt thermae Diocletianae?**
   - (a) Vasintoniae.
   - (b) Novi Eboraci.
   - (c) Romae.
   - (d) Londinii.

3. **Ubi est triplex arcus Vasintoniensis?**
   - (a) Prope stationem ferriviariam.
   - (b) In Capitolio.
   - (c) Procul ab urbe.
   - (d) In thermis Diocletianis.

4. **Quis est Prometheus?**
   - (a) Graecus heros, qui Troiam delevit.
   - (b) Graecus heros, qui labores duodecim perfecit.
   - (c) Romanus vir, qui Carthaginem delevit.
   - (d) Graecus Titan, qui ignem hominibus dedit.

5. **Constantino arcus triumphalis Romae aedificatus est, ut...**
   - (a) Statuae super columnas ponerentur.
   - (b) Triumphus eius celebraretur.
   - (c) Iudices leges interpretarentur.
   - (d) Dei et heroes in statuis repraesentarentur.

6. **Supremum Tribunal etiam templum iustitiae appellari solet, quia...**
   - (a) Ibi de maximis rebus disputatur.
   - (b) Aedificium simile antiquo templo Graeco esse videtur.
   - (c) Ibi summi iudices iura dicunt.
   - (d) Omnia illa vera sunt.

7. **Cupola Capitolii sidera paene tangit. Id est, ...**
   - (a) Astronomi ibi operam dant.
   - (b) Sidera in cupola repraesentantur.
   - (c) Cupola altissima est.
   - (d) In cupola plurimae statuae sunt.

8. Ubi sunt montes duo, qui Capitolini appellantur?

    (a) Romae et Novi Eboraci.

    (b) Romae et Berolini.

    (c) Romae et Philadelphiae.

    (d) Romae et Vasintoniae.

9. Quis fuit Thomas Jefferson?

    (a) Cupolae Vasintoniensis aedificator.

    (b) Primus praeses.

    (c) Summus iudex.

    (d) Declarationis Independentiae auctor.

10. Quis pronuntiavit orationem Gettysburgensem?

    (a) Tertius praeses.

    (b) Abrahamus Lincoln.

    (c) Georgius Vasintonensis.

    (d) Constantinus imperator.

11. Ambulare per _____ plateasque urbis cupio.

12. Ceres agri _____ dea apud Romanos fuit.

13. Aedificium splendet, quia ex _____ candidissimo factum est.

14. In Curia Vasintonensi de rebus _____ momenti disputatur.

15. Omnes homines putamus _____ aequales.

16. Quid de Abrahamo Lincoln eiusque doctrina scis? Responde Latine aut Anglice.

17. Cur urbs Vasintonia stilo architectandi neoclassico aedificata est? Responde Latine, sodes!

CAPITOLINUM
LECTIO XI

Interim Romae Corinna et condiscipuli eius, Iacobo absente, montem Capitolinum ascendunt. Ecce eorum colloquium:

CORINNA: Bene venistis, amici, ad umbilicum urbis Romae, sedem deorum, culmen gloriae et perfidiae…

ROBERTUS: Ubi est Iacobus?

LEA: Nescio. Dixit se esse venturum!

umbilicum — centrum, mediam partem

CORINNA: Ahem, ahem… Ut dicebam, antequam sermo meus est interruptus, bene venistis ad montem Capitolinum! Scitisne cur mons appelletur Capitolinus? Cum fundamenta templi Iovi Optimo Maximo dedicati foderent, caput humanum invenerunt! Illic, intra musaeum archaeologicum, templum Iovis Optimi

Maximi, vel potius reliquiae illius templi, inveniuntur.

LEA: Iuppiter… Nonne rogavit Iacobus de ornatu et vestimentis Iovis Optimi Maximi?

ROBERTUS: Ita vero! Sed quam ob rem?

CORINNA: Quid inter vos colloquimini? In altera parte erat arx, aut castellum, quo Romani temporibus periculosis fugiebant. In summa arce constructum est templum Iunonis Monetae, in quo nummi primum a Romanis facti et conditi sunt. Scitisne verbum Anglicum, quod est 'money,' de nomine huius templi derivari? Nam templum Ionis Monetae praecipue ad pecuniam attinebat.

LEA: Pecunia… Nonne dixit Iacobus opus esse sibi pecunia?

ROBERTUS: Ita! Ad aliquas res emendas!

CORINNA: Iterum murmura facitis? Explicare res magni momenti conor! Nunc ambulamus inter arcem et Capitolium, in area pulcherrima a Michaele Angelo fabricata, quae Italice 'piazza del Campidoglio' appellatur, id est platea Capitolii. In media parte huius plateae posuit Michael Angelus statuam equestrem ex aere factam. Scitisne quis imperator in equo sedeat?

ROBERTUS: Equus… Nonne interrogavit Iacobus ubi equum invenire posset?

equus

LEA: Ita vero! Sed quam ob rem cupit habere equum?

CORINNA: Amici! Si inter vos colloqui pergitis, de saxo Tarpeio vos deiiciam! Ah, ut obiter dicam, scitisne cur saxo nomen sit Tarpeio? Tempore antiquissimo, dum Romani contra Sabinos pugnabant, femina quaedam, nomine Tarpeia, hostem in arcem accepit: nam putabat se praemium ab hoste accepturam esse. Sed Sabini non praemium Tarpeiae, sed potius supplicium dederunt! Nam eam armis suis obruerunt.

praemium

*supplicium —
poenam*

LEA: Praemium… Nonne Iacobus aliquid de praemio dixit?

ROBERTUS: Ita vero! Sed quod praemium ei dabitur?

CORINNA: Amici! Si unum aliud verbum ex vobis audiero, iuro, per deos immortales, me… Sed quid nunc? Quid aspicitis?

LEA: Ecce Iacobus venit! Lupus in fabula!

ROBERTUS: Sed quid de vestimentis eius? Et cur facies ei est rubra?

vehuntur birota

LEA: Et vehitur... quomodo? Sedetne in equo?

IACOBUS: Salvete, Quirites!

ROBERTUS: Salvus sis, Iacobe! Ubi fuisti?

IACOBUS: Maxime me paenitet quod in mora sum, sed per totum diem per multas vias plateasque urbis iter feci. A theatro Marcelli per forum Boarium, deinde per Circum Maximum et circum montem Palatinum ivi. Postremo in via sacra per forum Romanum veni, et montem Capitolinum ascendi, ut decet. Nunc adsum!

caliga

corona laureata

LEA: Longissimum iter! Sed quae vestimenta geris?

IACOBUS: Gero, ut decet, caligas rubras, togam purpuream et auream, et coronam laureatam.

ROBERTUS: Et cur facies tibi rubra est?

IACOBUS: Non solum togam pictam, sed etiam faciem pictam habeo, ut decet.

CORINNA: Ut decet?

IACOBUS: Etiam equo vehor, ut decet. Melius fuit curru vehi, sed quadrigas invenire non potui.

CORINNA: Equus tuus est ex ligno factus. Sed cur iterum iterumque dicis 'ut decet'?

IACOBUS: Triumphum celebro! Ut triumphatores antiqui, ita ego iter triumphale feci, et vestimenta triumphalia gero, et ad summam montis Capitolini veni ad sacrificium faciendum. Io, triumphe!

CORINNA: Quod sacrificium vis facere?

IACOBUS: Proh dolor, nunc non licet triumphatori duos tauros albos mactare. Ergo stilum meum ad fundamenta templi Iovis iaciam. Hoc erit sacrificium meum. Io, triumphe!

mactare

CORINNA: Sed, Iacobe, cur tu triumphum celebras?

IACOBUS: Cur me rogas, Corinna? Nonne scis? In probatione mea, ut vidisti, litterae 'IMP' scriptae sunt! Quoniam appellatus sum 'imperator,' necesse est mihi triumphum celebrare! Io, triumphe!

CORINNA: Litterae 'IMP' non significabant verbum 'imperatorem,' sed potius 'imperfectum'! Hae litterae sunt scriptae quia probationem tuam non perfecisti!

IACOBUS: Quid? Te non audire poteram. Nunc,

Quirites, me ducite, quaeso, ad templum Iovis Optimi Maximi.

LEA ET ROBERTUS: Io, triumphe!

IACOBUS: Et gratias vobis maximas ago, quod statuam mei hic in platea posuistis.

CORINNA: Haec statua est Marci Aurelii.

IACOBUS: Quid? Te audire non poteram. Ad Capitolium!

LEA ET ROBERTUS: Io, triumphe!

CORINNA: Memento, Iacobe, te esse mortalem.

IACOBUS: Difficile erit, sed conabor. Io, triumphe!

1. Iacobus dixit se venturum esse. Quid dixit Iacobus?

    (a) "Venio!"

    (b) "Veniam!"

    (c) "Veni!"

    (d) "Non venio."

2. Cur mons appellatur Capitolinus?

    (a) Quia Iuppiter ibi habitat.

    (b) Quia ibi primum nummi facti sunt.

    (c) Quia caput humanum ibi inventum est.

    (d) Nemo scit.

3. Cur arx in monte Capitolino aedificata est?

    (a) Ut eo Romani se recipere possent.

    (b) Ne reliquiae templi Iovis invenirentur.

    (c) Ut ibi Romani nummos facerent.

    (d) Ne Iuno Moneta irasceretur.

4. Pecunia opus est...

    (a) Ad templum Iunonis aedificandum.

    (b) Ad fugiendum temporibus periculosis.

    (c) Ad Iovis templum fodendum.

    (d) Ad res emendas.

5. Michael Angelus fuit...

    (a) Imperator Romanus secundi saeculi.

    (b) Romuli filius.

    (c) Sculptor Italicus, qui plateam Capitolii fabricavit.

    (d) Artifex quidam, qui Iovis templum aedificavit.

6. Quis in statua aenea repraesentatur?

    (a) Nero.

    (b) Caracalla.

    (c) Marcus Aurelius.

    (d) Antoninus Pius.

7. Cur saxum appellatur Tarpeium?

   (a) Propter Iovis templum.

   (b) Propter virginem Romanam.

   (c) Propter Iunonis templum.

   (d) Propter statuam equestrem.

8. Quae vestimenta NON gerit Iacobus?

   (a) Togam pictam.

   (b) Coronam laureatam.

   (c) Caligas rubras.

   (d) Loricam aeneam.

9. Quae sunt quadrigae?

   (a) Currus quattuor equis vecti.

   (b) Statuae equestres.

   (c) Equi Romanorum.

   (d) Togae aureae.

10. Temporibus Romanis decebat victores...

   (a) Iunoni sacrificia facere.

   (b) Triumphos celebrare.

   (c) Ad templum Iovis duci.

   (d) Res pecunia emere.

11. Iacobus _____ suam non perfecit.

12. Statua imperatoris aenea est, id est ex _____ facta.

13. Iuro per _____ immortales!

14. Mihi in via _____ per forum Romanum iter faciendum est.

15. Montem Capitolinum ascendi ut Iovi _____ facerem.

16. Quae verba Anglica didicisti a Latina lingua derivata esse?

17. Cur Corinna exhortatur Iacobum ut hic de mortalitate sua cogitaret?

PHILADELPHIA
LECTIO XII

Interim Sara et Aemilia, Vasintonia relicta, Philadelphiam tramine iter faciunt, et conantur constituere quid in urbe facere debeant. Ecce eorum colloquium:

SARA: Quantum temporis, Aemilia, Philadelphiae habebimus?

AEMILIA: Non multum temporis nobis erit, proh dolor. Tres quattuorve horas in urbe manebimus. Tunc necesse erit nobis Novum Eboracum regredi.

diu, diutius, diutissime

SARA: Tam cito nobis erit discedendum Philadelphia? Cur non licebit nobis diutius in urbe manere?

AEMILIA: Cras in scholis iterum adesse debebimus. Si Vasintoniae tam diu non remansissemus, plus temporis Philadelphiae consumere potuissemus!

calcei athletici

SARA: Tam diu Vasintoniae non remansissemus, si tu totum paene diem in Archivis Nationalibus non consumpsisses!

AEMILIA: Si tres tabernas ad calceos athleticos emendos non intravisses, citius ad stationem Unionem advenissemus!

SARA: Tramen nostrum sine nobis non abivisset, si in longissimo exspectantium ordine apud *Cinnabon* non exspectavisses!

spira mellita

AEMILIA: Ibi non exspectavissem, nisi me rogavisses ut spiram mellitam tibi emerem!

SARA: Te non rogavissem, si dulcissimum spirarum odorem naribus non sensissem!

AEMILIA: Ah, ut obiter dicam: benene sapiebat spira tua?

SARA: Optime sapiebat. Quantum tibi debeo?

AEMILIA: Nihil mihi debes. 'Amore, more, ore, re coluntur amicitiae.'

SARA: Gratias plurimas tibi ago! Sed nunc de proposito

nostro loquamur. Cum Philadelphiam advenerimus, quid faciemus?

AEMILIA: Quoniam non multum temporis habebimus, necesse erit nobis ad urbem veterem et ad aream historicam festinare. Primum omnium debebimus Campanam, ut dicitur, Libertatis videre...

tintinnabulum

SARA: Visne dicere tintinnabulum illud antiquum, ex aere factum, quod maximam habet rimam?

AEMILIA: Ita vero. Olim pendebat in turre aedificii, quod nunc Aula Independentiae nominatur. Hoc aedificium quoque dignum est, quod videatur. Scisne cur?

rima

SARA: Puto me meminisse. Nonne in aula illa patres patriae Declarationi, ut dicitur, Independentiae subscripserunt?

AEMILIA: Recte dixisti: quarto die mensis Iulii, anno 1776. Et unus ex his patriae patribus, qui subscriptionem suam Declarationi addidit, haud procul ab Aula Independentiae est sepultus.

SARA: Visne dicere Beniaminum Franklin, qui vim electricam invenit?

AEMILIA: Euge, Sara! Sepulchrum Beniamini Franklin est in coemeterio Christi Ecclesiae situm. Id quoque visu est dignissimum.

SARA: Saepe mentionem fecisti de patribus patriae. Quid de patriae matribus?

AEMILIA: Recte mones! Etiam erit nobis visitanda domus Elisabetae Ross, quae non procul a coemeterio invenitur.

SARA: Timeo ne hoc nomen non sit mihi optime notum…

AEMILIA: De femina non audivisti, quae dicitur primum vexillum Americanum consuisse?

SARA: Ah, certe! De Betsia Ross agitur. Hoc in vexillo, ni fallor, solum tredecim sidera in circulo distributa inveniuntur.

AEMILIA: Ita, quia id temporis erant in his terris solum tredecim civitates!

SARA: Bene, bene. Hoc est optimum propositum. Sed est mihi interrogandum…

primum vexillum
Americanum

AEMILIA: Roga.

SARA: Post iter nostrum historicum, si tempus sufficiat, velisne mecum exercitationes corporis facere?

AEMILIA: Quid proponis?

SARA: Primum, si gymnasium invenerimus, pondera corporis tantummodo singulis manibus tollere conabimur.

AEMILIA: Quoties?

SARA: Quinquagies.

AEMILIA: Id semel haud potero efficere.

SARA: Tunc in tabernam intrabimus carnariam, et magna carnis frusta, quae ex uncis dependent, pugno pulsabimus.

unci

AEMILIA: Quid est hoc? Id numquam facerem, etiam si carne non abstinerem.

SARA: Esne vegetaria? Nesciebam.

AEMILIA: Atque ego nesciebam te esse pugilem!

SARA: Postremo, si tempus sufficiat, ad Pinacothecam Philadelphiae currere velim.

Pinacotheca

AEMILIA: Optime! Vitabo tabernam carnariam, sed libenter in Pinacothecam tecum intrabo!

SARA: Equidem non intrabo.

AEMILIA: Picturasne magnificas spectare non vis? Quid est tibi in animo facere?

SARA: Scalas, quae ante museum inveniuntur, magna cum alacritate ascendam. Inde a summitate scalarum, omnibus viis urbis subter iacentibus, bracchiis meis alte levatis, pedibus alternantibus salientibus, minutos circulos currens faciam, et triumphabo!

AEMILIA: Vis ergo sequi in vestigiis Saxosi Balboae.

SARA: Maxime volo. Pellicula mihi praedilecta est 'Rocky.'

AEMILIA: Bene est. Dum tu iter Saxosum facis, ego panem carne et caseo fartum, qui 'Philly cheesesteak' nominatur, devorabo.

SARA: Sed dixisti te esse vegetariam!

AEMILIA: Paene semper sum, sed non Philadelphiae!

LECTIO XII EXERCITIA

1. **Non multum temporis nobis est. Ergo...**
   - (a) Nos festinare oportet.
   - (b) Hic non longe morabimur.
   - (c) Mox nobis discedendum erit.
   - (d) Omnia illa vera sunt.

2. **Sara et Aemilia tramine iter faciunt...**
   - (a) Ad Vasintoniam visendam.
   - (b) Ad Philadelphiam visendam.
   - (c) Ad Novum Eboracum visendum.
   - (d) Ad Romam visendam.

3. **Sara tres tabernas intravit...**
   - (a) Ut calceos athleticos emeret.
   - (b) Ut vestimenta emeret.
   - (c) Ut pallia conspiceret.
   - (d) Ut Vasintoniae remaneret.

4. **Vasintoniae non remansissem, si tramen meum sine me...**
   - (a) Abivissem.
   - (b) Abivisset.
   - (c) Non abivisset.
   - (d) Non abivissem.

5. **"Quantum tibi debeo, Aemilia?", inquit Sara. Ergo...**
   - (a) Aemilia nummos non habet.
   - (b) Aemilia spiram mellitam cupit.
   - (c) Pecunia non olet.
   - (d) Aemilia spiram mellitam emit.

6. **Ubi est Campana Libertatis?**
   - (a) Novi Eboraci.
   - (b) Philadelphiae.
   - (c) Vasintoniae.
   - (d) Nusquam gentium.

7. **Cur Aula Independentiae sic vocatur?**
   - (a) Quia aedificium dignum est, quod ab omnibus videatur.
   - (b) Quia aedificium Philadelphiae situm est.
   - (c) Quia prope Campanam Libertatis est.
   - (d) Quia Declaratio Independentiae ibi subscripta est.

8. Ubi est Beniaminus Franklin sepultus?

   (a) Bostoniae, ubi natus erat.

   (b) Novi Eboraci, in Campo Centrali.

   (c) Philadelphiae, prope Aulam Independentiae.

   (d) Nemo scit.

9. Quis fuit Betsia Ross?

   (a) Femina, qui primum vexillum Americanum consuisse fertur.

   (b) Femina, qui Declarationem Independentiae scripsit.

   (c) Femina, qui primum Philadelphiae habitavisse videtur.

   (d) Femina, qui primum tredecim civitates condidisse dicitur.

10. Ad Pinacothecam currere volo, ut...

    (a) Plurimas carnes edam.

    (b) Panem caseo fartum emam.

    (c) Beniamini Franklin sepulchrum inveniam.

    (d) Plurimas tabulas pictas aspiciam.

11. Si vegetaria ____, carnem non comedis.

12. Si vegetarius essem, carnem non _____.

13. Si vegetariae fuissemus, carnem non _____.

14. Dum tu iter facis, ego in Pinacothecam cum Sara _____ .

15. In gymnasium ire velim, si tempus _____.

16. Putasne exercitationes corporis necessarias esse? Cur? Responde Latine, sodes.

17. Placentne tibi Pinacothecae? Quam Pinacothecam praesertim visere velis? Cur?

POLLICE VERSO
LECTIO XIII

Interim Romae Corinna et amici eius Amphitheatrum Flavium visitant.

ROBERTUS: Salve, Corinna! Dic nobis, quaeso: quid hodie facimus? Quo imus? Quid videbimus?

CORINNA: Hodie Amphitheatrum Flavium visitamus et exploramus. Hoc aedificium est omnibus hominibus notum.

IACOBUS: Quid est Amphitheatrum Flavium? Non est mihi notum…

Amphitheatrum Flavium

CORINNA: Sed huic aedificio est aliud nomen, quod sine dubio iam audivisti. Nam Amphitheatrum Flavium vulgo vocatur Colosseum.

IACOBUS: Colosseum illud, ubi gladiatores pugnare solebant? Sed cur hoc aedificium duo nomina habet?

LEA: Nisi fallor, primum nomen huius aedificii fuit 'Amphitheatrum Flavium.' Nonne ita est, Corinna?

CORINNA: Recte mones, Lea. Imperator Vespasianus fundamenta iecit, et Titus filius eius aedificium confecit. 'Amphitheatrum Flavium' vocatur quia Vespasianus et Titus et Domitianus, frater Titi, erant imperatores gentis Flaviae.

IACOBUS: Sed cur, Corinna, et aliud nomen habet? Nam omnes nunc hoc aedificium 'Colosseum' vocant, nemo autem 'Amphitheatrum Flavium.'

CORINNA: Primum in hoc loco imperator Nero domum auream construxit, et ante domum auream stabat Colossus Neronis.

ROBERTUS: Quid est Colossus?

CORINNA: Colossus est sculptura vel signum magnum. Nero Colossum sui ante domum suam aedificavit. Vespasianus autem in loco domus aureae amphitheatrum construxit.

LEA: Cur hunc locum optavit Vespasianus?

CORINNA: Bene rogas, Lea. Nero valde se ipsum amavit et sibi soli domum suam construxit. Vespasianus autum donum populo Romano dare voluit. Ergo Colosseum construxit, et omnes Romani ludis gladiatoriis aliisque spectaculis valde delectabantur. Colossum Neronis autem in imaginem dei Solis transformavit. Hoc modo pietatem suam ostendit.

IACOBUS: Satis de historia aedificii, Corinna! Dic nobis de gladiatoribus ipsis: Nonne usque ad mortem pugnabant?

Gladiator

CORINNA: Ita est ut dicis, Iacobe. Gladiatores saepissime erant servi vel homines in bello capti vel homines scelerati qui aliquid scelus fecerunt. Gladiatores vocabantur quia gladiis armati pugnabant, sed aliis armis quoque pugnabant. Sed non semper usque ad mortem pugnabant. Nam si quis gladiator bene pugnavit et spectatoribus placuit, saepe imperator vel editor ludorum vel ipsa turba in amphitheatro vitae gladiatoris pepercit. Turba et imperatores voluntatem suam 'pollice verso' ostendebant, id est, digitis indicabant. Hic gestus est omnibus notus quia saepissime in pelliculis de gladiatoribus fit.

IACOBUS: Corinna, quomodo tu de talibus pelliculis scis? Ego putabam te solum libros legere solere, neque pelliculas spectare.

pollex

CORINNA: Otium meum non solum in legendo, scribendo, et studendo consumo, o Iacobe, sed interdum animum relaxare volo et spectacula cinematographica cum amicis specto. Quid mirum?

LECTIO XIII EXERCITIA

1. Amphitheatrum Flavium quoque vocatur...

    (a) Colosseum.

    (b) Neronianum.

    (c) Aureum.

    (d) Theatrum.

2. Amphitheatrum Flavium est aedificium...

    (a) Minime notum.

    (b) Vix notum.

    (c) Paucis notum.

    (d) Omnibus notum.

3. Quis perfecit Amphitheatrum Flavium?

    (a) Vespasianus.

    (b) Titus.

    (c) Nero.

    (d) Domitianus.

4. Quis pugnare solebat in Amphitheatro Flavio?

    (a) Vespasianus imperator.

    (b) Caesar.

    (c) Gladiatores.

    (d) Colossus Neronis.

5. "Dic mihi," inquit Corinna, "quid hodie facis?" Corinna ergo rogat...

    (a) Quid hodie facio.

    (b) Quid hodie faciam.

    (c) Quid hodie facerem.

    (d) Quid hodie fecerim.

6. Quid est Neronis Colossus?

    (a) Signum maximum.

    (b) Aurea domus.

    (c) Gladiatorum theatrum.

    (d) Nescimus.

7. Cur Vespasianus ludos gladiatorios edidit?

    (a) Quia comoediae eum non delectabant.

    (b) Quia Romani gladiatoribus valde delectabantur.

    (c) Quia nemo spectaculis aliis delectabatur.

    (d) Ut pietatem suam ostenderet.

8. Gladiatores saepissime erant...

   (a) Liberti.

   (b) Imperatores.

   (c) Servi.

   (d) Senatores.

9. Corinna solet...

   (a) Libros vendere.

   (b) Solum libros legere.

   (c) Libros scribere.

   (d) Libros legere et pelliculas spectare.

10. Quibuscum solet Corinna animum relaxare?

   (a) Cum parentibus suis.

   (b) Cum amicis suis.

   (c) Cum Aemilia et Sara.

   (d) Nemo scit.

11. Vespasianus imperator donum _____ Romano dare voluit.

12. Gladiatores saepe erant homines in _____ capti.

13. Non semper gladiatores usque ad _____ pugnabant.

14. De Amphitheatro Flavio sine _____ iam audivisti.

15. Quo imus hodie? _____ videbimus?

16. Quid de historia Amphitheatri Flavii didicisti? Responde Latine aut Anglice.

17. Placetne tibi pelliculas de gladiatoribus antiquis spectare? Cur?

IENTACULUM
LECTIO XIV

Interim Novi Eboraci Marcus semisomnus ex cubiculo suo in culinam init. Saram et Aemiliam, quae iam ab itinere suo revenerunt, salutat.

frigidarium est locus in culina quo cibus servatur et refrigeratur

esurire— valde esse velle

MARCUS: Salvae sitis, unica huius aetatis ornamenta.

AEMILIA: Salve et tu, belle homuncule.

MARCUS: Maxime gaudeo, quod salvae et securae ex itinere vestro regressae estis. Quid facitis?

AEMILIA: Ientamus, et deinde ad bibliothecam ibimus. Venisne tu?

ovum in pane et lardum

MARCUS: Mihi propositum erat ire obsonatum. Paene nihil est in frigidario, et ego valde esurio.

SARA: Si fame laboras, comede ova et paulum lardi.

Plus coximus quam edere possumus. Conside et ede.

MARCUS: Me ab exitio vindicastis! Equidem et gratiam habeo, et habiturus sum, quoad vivam, maximam! Non restat et paulum caffeae?

habiturus sum— habebo

SARA: Ecce tibi poculum, o parasite.

MARCUS: Pro isto vestro in me officio pares agere gratias vix possum, referre nequaquam!

in poculum aquam fundimus et ex poculo aquam bibimus

AEMILIA: Desine, quaeso, o Cicero! Referre gratias potes, si frigidarium nostrum multis et suavissimis cibis hodie implebis.

parasitus alienum cibum est

pares gratiae— aequae gratiae

MARCUS: Fiduciam in me ponite, ego promitto, voveo, spondeo, et iuro: numquam frigidarium plenius futurum esse.

Marcus poculum caffeae carpit et exhaurit. Deinde ad ova et lardum se vertit et omnia celeriter et magna cum appetentia comedit.

ovum—aves et gallinae ova pariunt

lardum—cibus sapidissimus qui ex alvo porci sumitur

calcei sunt id quod in pedibus gerimus

copia cibi— magna quantitas cibi

duas aures habemus quibus audimus

in utramque aurem dormire— bene et tranquille dormire

MARCUS: Bene, iam calceos induam et post breve temporis spatium maximam cibi copiam referam.

AEMILIA: Si nos amas, curabis hanc rem nostra causa diligenter.

MARCUS: Vos facite ut in utramque dormiatis aurem: ego vobis hoc confectum dabo. Valete in proximum!

SARA: Cura ut valeas, Marce!

AEMILIA: Eamus et nos. Multa sunt nobis legenda.

SARA: Bene mones. Res meas in cubiculo meo colligere et in sacco ponere debeo, sed iam adero.

LECTIO XIV EXERCITIA

1. **Qualis est Marcus cum exit ex cubiculo suo?**
   - (a) Alacer
   - (b) Semisomnus
   - (c) Tacitus
   - (d) Loquax

2. **Quid sumunt Aemilia et Sara?**
   - (a) Ientaculum
   - (b) Prandium
   - (c) Cenam
   - (d) Nihil

3. **Quo eunt Sara et Aemilia postea?**
   - (a) ad culinam
   - (b) ad cubiculum
   - (c) ad bibliothecam
   - (d) ad popinam

4. **Quo it Marcus?**
   - (a) Obsonatum
   - (b) Cubitum
   - (c) Ambulatum
   - (d) Nusquam

5. **Cur Marcus esurit?**
   - (a) Quia in culina est
   - (b) Quia paene nihil in frigidario est
   - (c) Quia hodie non ientavit
   - (d) Quia ova non habet

6. **Quid feminae Marco dant?**
   - (a) Caffeam
   - (b) Ova
   - (c) Paulum lardi
   - (d) Omnia illa vera sunt

7. **Cur feminae Marcum parasitum vocant?**
   - (a) Quia ille ad bibliothecam ire non vult
   - (b) Quia ille caffeam non bibit
   - (c) Quia ille gratias non agit
   - (d) Quia ille eorum cibum comedit

8. **Quomodo Marcus feminis gratias referre potest?**
   - (a) Ad bibliothecam cum eis eundo
   - (b) Paulum cibi comedendo
   - (c) Frigidarium implendo
   - (d) Poculum exhauriendo

9. Quid Marcus puellis promittit?

  (a) Se poculum exhausturum esse
  (b) Se ova et lardum esurum esse
  (c) Se cum eis ad bibliothecam iturum esse
  (d) Se frigidarium eorum impleturum esse

10. Quid Marcus induit antequam exit?

  (a) Calceos
  (b) Pocula
  (c) Pallium
  (d) Togam

11. Fac ut in _____ dormias aurem!

12. Poculum caffeae _____ et exhaurio.

13. Multa _____ mihi legenda.

14. Sara res suas in _____ ponere debet.

15. Referre _____ vobis volo.

16. Quid tibi comedere placet, cum valde esurias? Responde Latine aut Anglice.

17. Quid de Marco illo sentis? Estne re vera parasitus an non? Cur?

MARCUS COQUIT
LECTIO XV

Vesperi Aemilia et Sara domum a bibliotheca reveniunt. Marcum in culina vident aliquid coquentem.

vident Marcum coquentem— vident Marcum qui coquit

AEMILIA: Tam bene olet! Quid coquis, coque optime?

coquere—cibum praeparare

MARCUS: Cenam vobis coquo amplissimam. Considite, paene parata est.

olere—odorem emittere

coquus est is qui coquit

AEMILIA: Ex omnibus officiis, quae tu plurima in nos contulisti, hoc est longe gratissimum.

MARCUS: Maior est nostra necessitudo, quam ut vel tu mihi vel ego tibi pro ullo officio debeam gratias agere.

necessitudo— amicitia

SARA: Nihilominus pro tali officio agendae sunt gratiae. Nam nos valde esurimus.

MARCUS: Non prandium sumpsisti?

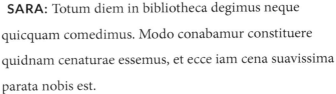

neque quicquam—et nihil

SARA: Totum diem in bibliotheca degimus neque quicquam comedimus. Modo conabamur constituere quidnam cenaturae essemus, et ecce iam cena suavissima parata nobis est.

ferculum est id in quo cibus ponitur et fertur

MARCUS: Quam felix concursatio rerum! Ego iam fercula ad mensam afferam. Quaeso, Aemilia, ut Stephanum et Alexandrum arcessas.

arcessere—ire, vocare, et deinde invitare et retro ferre

AEMILIA: Stephane, Alexandre! Cena iam in mensa est!

Post cenam omnes Marco gratias iterum agunt eiusque peritiam artium cibi coquendi laudant.

SARA: Licetne talem cenam cotidie expectare?

aqua fervet postquam valde calefacta est

STEPHANUS: Minime gentium! Hodie primum Marcum in culina coquentem vidi, et iam tres annos una habitamus.

MARCUS: Noli mentiri, Stephane! Et saepissime coquo!

collyrae—genus cibi quod Itali, Iaponi, et Sines esse solent

STEPHANUS: Calefacere placentam congelatam et aquam ferventem in collyras iaponicas quae uno temporis momento praeparantur fundere, mi amice, haud licet vocare 'coquere.'

MARCUS: Multos alios cibos coquere valeo, et saepe coquo…

STEPHANUS: Exemplum vel unum cita.

MARCUS: Nunc meminisse non possum, sed nihilominus saepissime coquo, saltem saepius quam tu, parasite inepte!

AEMILIA: Deponite rixam, pueri, iam satis est.

STEPHANUS: Bene mones. Quid nunc faciamus?

MARCUS: Quidni aliquid spectemus in pagina interretiali cui nomen est Retflix?

SARA: Sed dies Veneris est. Ego volo in urbem exire et in discotheca saltare.

AEMILIA: Ego tecum sto et libenter veniam. Vos, pueri, domi remanete et taeniolas spectate.

MARCUS: Ergo curate ut rectissime et quam optime valeatis.

SARA: Et vos facite ut proximo congressu vos laetos et nitidos videamus.

*exemplum citare—
exemplum dare,
proferre*

*ineptus—
stupidus, inutilis,
stultus*

*quidni
spectemus?—cur
non spectamus?*

*dies Veneris est
dies ante finem
hebdomadis*

*discotheca est
locus ubi saltatur*

*taeniola—
vocabulum
graecum quod
ad litteram 'film'
significat*

*rectus—bonus,
non curvus, non
obliquus*

*nitidus—
splendidus,
lucens, lucidus*

1. **Unde veniunt Aemilia et Sara?**
   - (a) A culina
   - (b) A cubiculo
   - (c) A bibliotheca
   - (d) A popina

2. **Quid agit Marcus cum Sara et Aemilia domum veniunt?**
   - (a) Dormit
   - (b) Coquit
   - (c) Ambulat
   - (d) Legit

3. **Cum Sara et Aemilia intrant, cena est paene...**
   - (a) Parata
   - (b) Lecta
   - (c) Consummata
   - (d) Acta

4. **Feminae ambo esuriunt.**
   - (a) Verum
   - (b) Falsum
   - (c) Nescimus

5. **Ubi degerunt feminae totum diem?**
   - (a) In popina
   - (b) In culina
   - (c) In cubiculo
   - (d) In bibliotheca

6. **Sara dixit: "Modo conabamur constituere quid cenaturae essemus." Ergo, Sara dubitat...**
   - (a) Quid comedere possit
   - (b) Quid cena sit
   - (c) Quid Marcus sibi velit
   - (d) Quid Aemilia faciat

7. **Omnes Marcum esse coquum pessimum dicunt.**
   - (a) Verum
   - (b) Falsum
   - (c) Nescimus

8. **Quid Marcus coquere solet, secundum Stephani opinionem?**
   - (a) Nihil
   - (b) Suavissimas cenas
   - (c) Placentam congelatam
   - (d) Multos cibos

9. **Post cenam, Marcus proponit ut omnes...**
   - (a) Ad bibliothecam eant
   - (b) Aliquid in interrete spectent
   - (c) Statim in cubiculum eant et dormiant
   - (d) In urbem exeant et in discothecam saltent

10. Quid contra velit facere Sara?

    (a) Dormire

    (b) Plus cibi comedere

    (c) In discotheca saltare

    (d) Ad bibliothecam ire

11. Aemilia cum Sara consentit et libenter _____ vult.

12. Marcus dicit: "Vos curate ut rectissime et quam optime _____."

13. Quaeso, Sara, ut Stephanum et Aemiliam _____ .

14. Venite huc! Cena iam in _____ est.

15. Totum diem per urbem ambulavimus et _____ non sumpsimus.

16. Potesne cenam tuam ipse coquere? Si ita, quid coquere soles? Si non, quis coquit?

17. Quid tibi legere placet? Placetne tibi in bibliothecis tempus degere?

FORUM ROMANUM
LECTIO XVI

Forum Romanum

Interim Romae nova lux oritur, et amici nostri sunt in quadam platea. Propositum est eis alia monumenta Romana visitare et indagare.

CORINNA: Venite huc, amici, et audite: hodie ad Forum Romanum imus.

IACOBUS: Corinna, tu semper nimis studiosa et gravis es. Ego non sum paratus ad alia rudera archaeologica scrutanda. Haec platea vivida utique mihi multo magis cordi est quam sterilia rudera archaeologica.

ROBERTUS: Surge, Iacobe. Tam iners et piger es. Romae es, post breve tempus tibi in Americam redeundum est. Cape occasionem. Vide et fac omnia quae potes. Sed tu hic in platea tempus teris, nihil facis, solum caffeam bibis et cum amicis colloquia insulsa habes et res inutiles emis.

CORINNA: Sed hic mos, Roberte, nullo modo novus est, sed satis antiquus. Itali hunc morem in locum quendam publicum conveniendi et tempus in sermocinando consumendi ab antiquis Romanis et Graecis hereditate acceperunt.

IACOBUS: Etiam Graeci et Romani in plateis tempus consumebant et terebant?

CORINNA: Ita est ut dicis, Iacobe. Graeci autem hunc locum 'agoram' appellaverunt, Romani similem locum 'forum' nominaverunt. Hic mos in aevum medium et aetatem renatarum artium conservatus est, et iam in mediis urbibus Italis tales plateae ubique sunt.

ROBERTUS: In urbibus Americanis plerumque desunt tam pulchri tamque usitati loci publici.

CORINNA: Satis de his rebus. Nunc tempus est visitandi forum Romanum. Venisne nobiscum, Iacobe?

IACOBUS: Ita, Corinna. Post tua verba de foris et plateis mentem mutavi.

CORINNA: Forum est locus quem ego maxime amo. Nam magnam partem vitae suae Romani hic degere solebant. Hic fuerunt rostra, unde Cicero saepissime verba ad populum faciebat et orationes multas pulcherrimasque (ut mea fert sententia) habebat.

apes

ROBERTUS: Tu semper Ciceronem laudas, Corinna. Es vera Ciceroniana! Nonne te pudet? Nonne debemus ut apes colligere quae optima videntur ex omnibus floribus Latinitatis?

CORINNA: O Erasme, recte me accusas: sum Ciceroniana, et puto Ciceronem esse cacumen Latinitatis. Et haec non solum est opinio mea, sed quodque saeculum laudem Ciceronis cecinit. Ut dixit Quintilianus: 'Cicero iam non hominis nomen, sed eloquentiae ipsius habetur…'

IACOBUS: Quid est illud aedificium?

CORINNA: Illic est curia, ubi senatus convenit. O quam saepe Cicero senatores omnes et totam rem publicam sua diligentia et cura et opera et virtute conservavit!

IACOBUS: Iterum Ciceronem laudat…

CORINNA: O fortunatam natam me consule Romam!

IACOBUS: Satis de laudibus Ciceronis, Corinna. Est

bonus orator et philosophus, sed pessimus poeta. Dic nobis de aliis rebus quae in foro fiebant.

CORINNA: Cotidie plurimi homines huc conveniunt. Sunt hic tabernae, sunt magna aedificia publica in quibus multa negotia aguntur. Illic sunt mercatores qui merces suas vendunt, et multi homines qui merces mercatorum emunt. Sunt etiam multa templa ubi sacerdotes sacrificia deis faciunt.

ROBERTUS: Omnia verbis temporis praesentis narras, tamquam ipsa tempore Ciceronis viveres....

CORINNA: Ita est ut dicis. Ego ambulo per forum Romanum Latine loquens. Mihi videtur me quodam modo machinamentum habere quo per aetates et saecula hominum itinera facere possim.

IACOBUS: Lingua Latina est tale machinamentum!

ROBERTUS: Perge, o Cicero, id est, Corinna, loqui de foro Romano!

CORINNA: Forum Romanum non semper tale erat. Nam ut videtis forum situm est in valle inter Capitolinum et Palatinum, et ut iam vobis dixi, antiquis temporis Tiberis

fluvius saepe super ripas effluebat et omnes valles inter
colles montesque inundabat. Hac de causa hic olim fuit
palus--i.e., locus madidus et umidus ubi aqua cum terra
mixta non fluit sed stat. Ope cloacae maximae Romani
aquam e hac valle hauserunt et deduxerunt et hunc
locum siccaverunt.

LECTIO XVI EXERCITIA

1. **Quid propositum est amicis nostris?**

    (a) Aliquid in popina comedere

    (b) Pelliculas in interrete spectare

    (c) Monumenta visitare

    (d) Libros legere

2. **Corinna vult cum amicis suis...**

    (a) Ad Forum Boarium ire

    (b) Ad Colosseum ire

    (c) Ad Forum Romanum ire

    (d) Ad bibliothecam ire

3. **Iacobo autem non placet...**

    (a) Rudera archaeologica spectare

    (b) Libros legere

    (c) Pelliculas interretiales spectare

    (d) In discotheca saltare

4. **Cur Iacobus iners et piger est secundum Roberti opinionem?**

    (a) Quia plateae vividae ei magis cordi sunt quam antiquitatis reliquiae.

    (b) Quia tempus terit neque occasionem capit.

    (c) Quia studiosus non est.

    (d) Nescimus.

5. **Quid deest plerumque in urbibus Americanis?**

    (a) Mos temporis consumendi

    (b) Monumenta historica

    (c) Pulchri et usitati loci publici

    (d) Theatra ad pelliculas spectandas

6. **Cur amat Corinna Forum Romanum?**

    (a) Quia antiqui ibi plurimum tempum consumebant.

    (b) Quia pulcher et usitatus locus publicus est.

    (c) Quia ibi multa rudera archaeologica spectari possunt.

    (d) Quia Corinna sane Ciceroniana est.

7. Quid sunt rostra?

   (a) Pars Fori, ubi Romani saepe inter se colloquebantur.

   (b) Pars Fori, unde Cicero multas orationes habuit.

   (c) Pars Fori, ubi Quintilianus habitabat.

   (d) Plateae vividae in urbe Roma.

8. Quid est curia?

   (a) Aedificium illud, ubi apes optima quaeque colligunt.

   (b) Aedificium illud, ubi Cicero saepissime laudatur.

   (c) Aedificium illud, ubi tabernae et popinae sunt.

   (d) Aedificium illud, ubi senatus Romanus convenit.

9. Quis scripsit "O fortunatam natam me consule Romam"?

   (a) Erasmus

   (b) Quintilianus

   (c) Cicero

   (d) Corinna

10. Cur Romani cloacam maximam aedificaverunt?

    (a) Quia Tiberis fluvius saepe effluebat temporibus antiquis.

    (b) Ut vallem haurirent et Fori locum siccarent.

    (c) Ut merces mercatorum emi possent.

    (d) Quia machinamenta plurima invenerunt.

11. In mediis _____ Italis plateae plurimae inveniri possunt.

12. Mos hic minime novus est, sed satis _____.

13. Propter verba Corinnae mentem suam de foris et plateis Iacobus _____.

14. "Cicero iam non hominis nomen, sed _____ ipsius habetur", ut ait Quintilianus.

15. Mercatores negotia agunt et merces _____ vendunt.

16. Quid de oratoribus Romanis in hac lectione didicisti? Responde Latine aut Anglice.

17. Quomodo possumus, ut Corinna, itinera per aetates et saecula hominum facere?

SCHOLAE LATINAE
LECTIO XVII

conclave scholare

Interim Novi Eboraci Marcus et Stephanus post scholam Latinam ex conclavi scholari exeunt.

MARCUS: Hae scholae sunt re vera taediosissimae.

taediosus— molestus, non gratus, quod taedet et non placet

STEPHANUS: Ita est ut dicis, amice. Et non solum taediossimae, sed etiam magis somnificae sunt quam medicamenta somnifica validissima. Qui insomnia laborat, remedium in his scholis certe invenire potest.

somnifica medicamenta sunt medicamenta quae dormire adiuvant

MARCUS: Rectissime dicis. Nam tantum ex lingua Latina in sermonem Anglicum omnia verbatim convertimus, numquam de argumentis altioribus loquimur, numquam lingua Latina utimur, sed semper singulas lineas scriptorum antiquorum minutissime et molestissime tractamus et rimamur.

sermo Anglicus— lingua Anglica

argumenta altiora—argumenta graviora, maioris momenti

rimari—scrutari, investigare, indagare

argumentum tractare—de argumento cogitare, loqui, et scribere

Tecum sto—consentio tecum, idem puto atque tu

disputare—disceptare, disserere, in controversiam vocare, rixari, altercari

linguam Latinam callere—lingua Latina bene uti, Latine bene loqui, scribere, etc.

legendo et convertendo—per lectiones et interpretationes

convertere, vertere—in alia lingua interpretari

loquendo—per colloquia

scribendo

doctum doces—ego iam novi quae dicis.

redire—ire illuc unde venisti

tramen subterraneum

STEPHANUS: Tecum sto, amice. Linguis classicis studeo non quia philologus fieri volo, sed quia ego ipse melior fieri conor, i.e., maximas et disputatissimas humanae vitae quaestiones intellegere conor. Quomodo melius vivere possum? Quomodo societatem hominum meliorem facere possumus? Quid Seneca et Cicero et Plato de his rebus sentiunt et scribunt?

MARCUS: Sed in universitatibus professores non modo de his rebus non loquuntur neque cogitant, sed etiam eos rident qui viam vivendi in litteris quaerunt.

STEPHANUS: Et, ut mihi videtur, nostri professores linguam Latinam et linguam Graecam non tam bene callent quam oportet. Nam Latine loqui non possunt, et si quis linguae studet neque loquitur, et solum legit, non bene discit neque bene docere potest. Linguae enim discuntur non solum legendo et convertendo, sed usu, i.e., scribendo et praesertim loquendo et audiendo.

MARCUS: Doctum doces, mi amice. Sed eamus ad tramen subterraneum et domum redeamus.

STEPHANUS: I sine me, nam aliquot libros in bibliotheca legere volo.

Femina ignota Marco et Stephano appropinquat et interrogat:

IULIA: Ignoscite mihi, sum nova discipula apud hanc universitatem, et mihi videor deerravisse. Ubi est auditorium ad linguas classicas destinatum?

appropinquare

ignoscere (cum dativo)—veniam dare, excusare

STEPHANUS: Hic est, sed sero advenisti. Scholae iam sunt finitae.

IULIA: Me miseram! Noctu non satis dormivi, sero e lecto surrexi, et deinde deerravi. Quid faciam?

STEPHANUS: Tam bene Latine loqueris…

IULIA: Et vos haud male loquimini. Ego iam multos annos Latine studeo, et hac aestate scholis aestivis Romae interfui apud institutum cui nomen Paideia est. Sed iam plura vobiscum colloqui nullo modo possum. Valete in proximum, pusiones!

me miseram!— quam misera sum! (accusativus exclamativus)

noctu (adv.)—nocte

sero (adv.)—non tempori, non bene mane

deerrare—errare de via

aestas—tempus anni post ver et ante autumnum

Iulia ridet et celeriter abit.

MARCUS: Tam docta est haec femina! Sed cur nos pusiones vocavit?

pusio—puer parvulus

LECTIO XVII EXERCITIA

1. Marco valde placent scholae Latinae.

   (a) Verum

   (b) Falsum

   (c) Nescimus

2. Cur Stephanus dicit scholas esse somnificas?

   (a) Quia magistri medicamenta habent.

   (b) Quia ille insomnia laborat.

   (c) Quia taediosissimae sunt.

   (d) Quia magistri numquam Latine loquuntur.

3. In scholis discipuli saepissime de argumentis altioribus loquuntur.

   (a) Verum

   (b) Falsum

   (c) Nescimus

4. Cur Stephanus linguis classicis studet?

   (a) Quia magister fieri vult.

   (b) Quia philologus fieri vult.

   (c) Quia ipse melior fieri conatur.

   (d) Quia Seneca ei valde placet.

5. Stephani magistri Latine loqui...

   (a) Possunt.

   (b) Non possunt.

   (c) Conantur.

   (d) Solent.

6. Secundum opinionem Marci, quomodo optime discuntur linguae?

   (a) Auctores antiquos legendo.

   (b) Saepissime ridendo.

   (c) Tempus in plateis terendo.

   (d) Loquendo, scribendo et audiendo.

7. Quo vectus Marcus domum redit?

   (a) Lectica

   (b) Tramine subterraneo

   (c) Equis

   (d) Bigis

8. Quo it Stephanus?

   (a) ad culinam

   (b) ad popinam

   (c) ad bibliothecam

   (d) ad cubiculum suum

9. Cur Iulia sero ad scholas advenit?

    (a) Quia sero e lecto surrexit.

    (b) Quia non satis dormivit.

    (c) Quia deerravit.

    (d) Omnia illa vera sunt.

10. Quomodo factum est ut Iulia tam bene Latine loqueretur?

    (a) Quia femina Romana antiqua est.

    (b) Quia scholis aestivis Romae interfuit apud institutum cui nomen Paideia est.

    (c) Quia discipula nova est.

    (d) Nescimus.

11. Ignosce _____, quaeso: videor mihi deerravisse.

12. Sero adveni. Scholae iam _____ sunt.

13. Tam bene Latine _____, ut mihi quasi femina Romana antiqua esse videaris.

14. Is qui linguae alicui studet sed non loquitur, neque bene discit neque bene _____ potest.

15. Linguis classicis studeo, quia ipse _____ fieri conor.

16. Quomodo linguae disci possunt? Quid de Stephani opinione sentis?

17. Putasne scribere an loqui Latine difficilius esse? Cur?

IN TRAMINE
LECTIO XVIII

Tramen est plenum hominum—sunt multi homines in tramine

sedes liberae—sedes non occupatae, vacuae

cogere—in unum locum agere

Aliud cura—sine cura sis, tranquillo animo es

Post colloquium Stephanus ad bibliothecam it (nam ei in animo est aliquot libros legere). Marcus autem domum tramine subterraneo redit. Tramen est plenum hominum, neque sunt sedes liberae. Marcus ergo stat et librum legit, cum femina pulcherrima subito traminis motu in latus Marci incidit. Marcus animadvertit illam esse feminam quacum modo collocutus est. Illa sic cum Marco colloqui incipit:

IULIA: Ignosce mihi.

MARCUS: Aliud cura. Fortuna nos iterum coegit, ut videtur.

IULIA: Sic est ut dicis.

MARCUS: Ego valde gaudeo. Tam bene Latine loqueris, et paucissimi sunt hodierno die qui Latine loquuntur.

gaudere—laetari, laetus esse, gaudio affici

IULIA: Verum est quod dicis. Studes linguae Latinae? Es discipulus?

hodierno die — hodie, nunc

MARCUS: Ita est, sum discipulus, et apud universitatem studiis classicis operam do. Et tu? Es discipula?

operam dare (+dat.)—studere, incumbere

IULIA: Ita, discipula sum.

MARCUS: Et quomodo fit ut tu tam bene Latine loquaris?

quomodo fit ut— quomodo evenit ut, cur, quamobrem?

IULIA: Ego linguae Latinae in lycaeo studui, et optimum magistrum habui. Ille nobiscum usque a primo die praeter linguam Latinam nullis aliis linguis in scholis utebatur.

MARCUS: Mirum! Beati sunt discipuli! Eis invideo. Gaudeo quod saltem in nonnullis lycaeis discipuli Latine loquuntur. Mei professores Latine loqui non possunt, et Latine loquentes insanos esse putant.

invidere (+dat.)— cupere aliquid quod alius habet vel habuit

IULIA: Plerumque res se habet ut dicis, sed sensim et pedetemptim condiciones mutantur, ut mihi saltem videtur.

res se habet ut dicis— tu verum dicis, ita est ut dicis, res tales sunt ut dicis.

sensim et pedetemptim—non cito, non celeriter

MARCUS: Ita spero. 'Tempora mutantur,' ut aiunt…

IULIA: '…nos et mutamur in illis!' Sed plura loqui non possum, nam meae stationi appropinquamus. Sed quid est nomen tibi?

MARCUS: Nomen mihi est Marcus…

Quomodo apellaris—quomodo vocaris, nominaris, quid est tibi nomen

Mihi in animo est—volo, mihi propositum est

IULIA: Verum nomen Romanum!

MARCUS: Et tu, quomodo appellaris?

IULIA: Sum Iulia. Quid facis hodie vesperi?

MARCUS: Adhuc nullum mihi est propositum certum.

IULIA: Est mihi in animo ire ad Museum Metropolitanum. Erisne meus comes?

Museum

comes—is qui comitatur, amicus, socius

MARCUS: Libenter ero.

IULIA: Me hora quinta in scalis ante museum invenies. Ne sero advenias, pusio.

scalae
Ne advenias—noli advenire

1. Tramen subterraneum est vacuum.

   (a) Verum

   (b) Falsum

   (c) Nescimus

2. Marcus stat et librum legit. Ergo...

   (a) Marcus non sedet.

   (b) Marcus it ad bibliothecam.

   (c) Marcus non est in tramine.

   (d) Marcus ambulat.

3. Quid facit Iulia dum tramine vehitur?

   (a) Sedet.

   (b) Librum legit.

   (c) Cum Marco colloquitur.

   (d) Caffeam bibit.

4. Cur dicit Iulia "Ignosce mihi"?

   (a) Quia valde gaudet.

   (b) Quia in latus Marci incidit.

   (c) Quia caffeam bibere vult.

   (d) Nescimus.

5. Marcus animadvertit illam esse feminam quacum modo...

   (a) Caffeam bibit.

   (b) Collocutus est.

   (c) Prandium sumpsit.

   (d) Ad bibliothecam ivit.

6. Plurimi homines hodie Latine loquuntur, secundum Marci opinionem.

   (a) Verum

   (b) Falsum

   (c) Nescimus.

7. Cui rei operam dat Iulia?

   (a) Iulia magistra est.

   (b) Iulia discipula est.

   (c) Iulia medicinae studet.

   (d) Iulia archaeologiae studet.

8. Ubi operam dat Marcus?

   (a) Apud lycaeum classicum.

   (b) In Campo Centrali.

   (c) Apud universitatem.

   (d) In tramine.

9. Cur Iulia tam bene Latine loquitur?

    (a) Quia linguae Latinae in lycaeo studuit.

    (b) Quia optimum magistrum habuit.

    (c) Quia magister nulla lingua praeter Latinam usus est.

    (d) Omnia illa vera sunt.

10. Quo ire vult Iulia?

    (a) Ad popinam.

    (b) Ad Museum Metropolitanum.

    (c) Ad Bibliothecam Publicam.

    (d) Domum.

11. Marci professores Latine loquentes _____ esse putant.

12. Iulia dicit: "Sed plura loqui non possum, nam meae _____ appropinquamus."

13. Quid _____ nomen tibi?

14. Tempora mutantur et nos _____ in illis.

15. Mihi in _____ est ad Campum Centralem ire.

16. "Fortuna nos iterum coegit." Quid sibi vult illud? Quid est Fortuna?

17. Qui sunt vel fuerunt optimi magistri tui? Cur optimos magistros eos esse putas?

PRAEPARATIONES
LECTIO XIX

Post conventum cum illa doctissima femina Marcus domum advenit, et adhuc miratur eius eruditionem et pulchritudinem. Marcus novo amore, ut videtur, incensus et inflammatus colloquium secum habet:

MARCUS: Est hora secunda. Hora quinta ante museum adesse debeo. Si ad tempus advenire velim, hora quarta exire debeo. Haec femina mihi valde placet, et ad nostrum primum conventum sero advenire nullo modo velim. Sed tam multa mihi facienda sunt! Unde incipiam? Primum omnium lavari debeo, nam hodie mane non lautus ad universitatem properavi et alae meae rancide olere incipiunt.

eruditio—
sapientia
pulchritudo—
forma

incensus—
inflammatus
unde—ex quo
loco
lautus—purus; si
me lavo, lautus
fio

alae olent

speculum

barbam radere

*vigere—vires
habere*

Postquam se lavit et ex balneo pluvio exivit, se in speculo videns sibi dicit:

MARCUS: Barbam meam radere debeo. Puellis, ut aiunt, barbae non placent. Sed quam pulchra et erudita est illa, et quam bene Latine sciens! Quam bene litteras scit, quam bene Latine loquitur! Litterae Latinae Novi Eboraci non neglectae sunt neque iacent, sed artes liberales re vera vigent, si femina in tramine inveniri potest quae bonarum artium studio incensa et perfecte planeque erudita est!

*osculum dare—
osculari, basiare*

Postquam barbam rasit, inquit:

MARCUS: Multo melius. Sed dentes purgare non obliviscar, nam si ego (quis scit?) Iuliae osculum dabo, aut illa mihi, quid dicet illa, si os meum male olebit?

Postquam dentes purgavit, inquit:

MARCUS: Multo melius. Sum bene lautus.

*induere—
vestimenta in
corpore ponere*

Marcus in cubiculum suum intrat, et ait,

MARCUS: Nunc vestimenta pulchra induam. Iuliae

placere volo. Illa camisia non mihi placet... Illae bracae sunt immundae… Hanc camisiam induam, et has bracas.

camisia, bracae
immundus—non
purus

In speculum spectat, et ait,

MARCUS: Non male se habet. Spectat ad horologium: Paene hora quarta est, properandum est mihi! Ubi sunt calcei mei? Ecce calcei. Et ubi posui telephonum meum? Ecce.

claves

Ostio appropinquat, sed revertitur in cubiculum. Claves meas inquit mecum ferre semper obliviscor.

ostium apertum

Ostium aperit, post se claudit, sed iterum aperit et revertitur in cubiculum. Peram mecum inquit non habeo. Peram aperiens ait, Nullam pecuniam habeo. Spectat ad horologium, et sibi dicit:

pera—id in
quo pecuniam
gerimus

MARCUS: Ad argentariam obiter ire possum. Bene. Iam omnia habeo, ut videtur.

argentaria—locus ubi
pecunia servatur

obiter—inter
ambulandum, inter
vias, dum praetereo

123

LECTIO XIX EXERCITIA

1. Quo advenit Marcus post conventum cum Iulia?

   (a) Ad bibliothecam.

   (b) Domum.

   (c) Ad Museum Metropolitanum.

   (d) Romam.

2. Quid miratur Marcus?

   (a) Traminis plenitudinem.

   (b) Musei pulchritudinem.

   (c) Iuliae doctrinam.

   (d) Fortunae levitatem.

3. Quo incensus et inflammatus est Marcus?

   (a) Iuliae eruditione.

   (b) Novo amore.

   (c) Artium studio.

   (d) Fortunae inconstantia.

4. Quota hora est cum Marcus domum revenit?

   (a) Prima.

   (b) Quinta.

   (c) Quarta.

   (d) Secunda.

5. Quota hora debet adesse ante museum?

   (a) Tertia.

   (b) Quarta.

   (c) Quinta.

   (d) Sexta.

6. Quota hora exire debet?

   (a) Prima.

   (b) Secunda.

   (c) Tertia.

   (d) Quarta.

7. Cur Marcus sero advenire ad museum nullo modo velit?

   (a) Quia multa ei facienda sunt.

   (b) Quia Iulia ei valde placet.

   (c) Quia ardenter cupit museum visitare.

   (d) Quia nescit unde incipiat.

8. Cur Marcus lavari debet?

   (a) Quia ad universitatem properavit.

   (b) Quia multa ei facienda sunt.

   (c) Quia alae eius male olent.

   (d) Nemo scit.

LECTIO XIX EXERCITIA

9. Cur Marcus mane se non lavit?

   (a) Quia ei Latine loquendum erat.
   (b) Quia alae eius male olebant.
   (c) Quia ad universitatem properavit.
   (d) Quia multa ei facienda erant.

10. Cur Marcus dentes purgat?

   (a) Ut vestimenta pulchra induat.
   (b) Ut se ipsum in speculum spectare possit.
   (c) Ne halitus suus male oleat.
   (d) Ne Iuliae osculum dare obliviscatur.

11. Post dentes purgatos Marcus in _____ suum intrat.

12. Marcus saepe _____ suas secum ferre obliviscitur.

13. Marcus pecuniam in pera non _____.

14. Iulia bene Latine loquitur et bene _____ scit.

15. Iulia bonarum _____ studio incensa est.

16. Cur dicit Marcus, "artes liberales re vera vigent"? Consentisne cum eo? Responde Latine.

17. Quibus vestimentis nunc indutus es? Describe ea Latine.

THERMAE
LECTIO XX

alae olent

Interim Romae grex nostrorum amicorum ad Thermas Caracallae iter facit.

ROBERTUS: Quid tam foede olet?

CORINNA: Nescio. Unde venit odor?

ROBERTUS: Nisi fallor, de alis Iacobi venit…

IACOBUS: Quid me accusas?

ROBERTUS: Te lavisti hodie, amice?

IACOBUS: Certe me lavi!

lavare sapone

ROBERTUS: Saponene?

IACOBUS: Certe sapone me lavi!

ROBERTUS: Nos non sumus tam certi…

IACOBUS: Aer est tam calidus! Sudor constanter per totum corpus manat et fluit. Etiam si me lavo, post brevissimum temporis spatium iterum oleo et sum sudore madidus.

sudor

CORINNA: Tranquillo et sereno animo es, Iacobe. Nam ego habeo tibi tuisque alis bonum remedium: hodie ad Thermas Caracallae iter facimus.

ROBERTUS: Sit dis gratia! Iacobum bene lavare possumus!

IACOBUS: Iterum vobis dico: non tam male oleo! Sed Thermas videre valde volo, et, si datur occasio, in piscinam saliam…

piscina

CORINNA: Eamus igitur! Hae Thermae initio saeculi tertii post Christum natum ab imperatore Caracalla constructae sunt. Hic Romani se lavare solebant plusquam trecentos annos, usque ad annum quingentesimum trecesimum septimum.

LEA: Quid illo anno evenit?

CORINNA: Estne vobis notum Bellum Gothicum? In hoc bello Ostrogothi omnes aquae ductus corruperunt.

aquae ductus

Aqua per magnos aquae ductos ex longinquis fontibus in Thermas Caracallae prius fluebat, sed post hoc bellum Romanis mansit solum unus fons aquae: Tiberis fluvius.

IACOBUS: Hoc non est tam malum! Ego saepe in Tiberi nato et me lavo, et saepissime ex Tiberi aquam bibo. Nusquam est aqua tam sapida quam Romae! Et nusquam Romae est aqua tam sapida quam ex Tiberi!

CORINNA: Spero te iocari, Iacobe.

IACOBUS: Minime vero! Immo, verum vobis dico.

CORINNA: Sed Tiberis est fluvius impurus et contaminatus et pollutus. Non licet in aquam Tiberis intrare, nedum ex fluvio bibere!

IACOBUS: Cur hoc ita est ut dicis?

aegrotat, laborat febri

CORINNA: Non aeger es? Non aegrotas? Non febri laboras? Saepe homines in morbum incidunt si in Tiberi natant.

valeo pancratice— valeo athletice, optime valeo

IACOBUS: Minime aeger sum, immo valeo pancratice. Valido systemate immunitatis fruor.

CORINNA: Sed etiam antiquis temporibus homines

aquam Tiberis metuebant. Saepe flumen super ripas effluebat et totam urbem inundabat. Post talia diluvia Romani sive malo aere sive morbo palustri quodam laborabant et mortui sunt.

LEA: Memini te aliquid de domo Ciceronis dixisse. Hac de causa Cicero domum suam in monte Palatino construxit?

CORINNA: Rectissime dicis. Paene omnes divites Romani in montibus habitabant. Sed satis de Tiberi, nunc plura de Thermis. Romani hic non solum se lavabant, sed etiam cum amicis colloquia habebant, corpus exercebant, alea et aliis ludis ludebant, et etiam libros legebant. In his thermis erat magna bibliotheca in qua libri multi et Latini et Graeci erant.

IACOBUS: Mihi quoque placet legere in balneo!

CORINNA: Omnes nos scimus, Iacobe. Ianua nostri balnei semper clausa est, neque umquam balneo uti possumus cum volumus.

LECTIO XX EXERCITIA

1. **Quo tendunt amici nostri?**
   (a) Ad Forum Romanum.
   (b) Ad Campum Centralem.
   (c) Ad Thermas Caracallae.
   (d) Ad bibliothecam.

2. **Si quid foede olet...**
   (a) Male olet.
   (b) Non bene olet.
   (c) Pessimum odorem habet.
   (d) Omnia illa vera sunt.

3. **Iacobus nequiquam se lavit.**
   (a) Verum
   (b) Falsum
   (c) Nescimus

4. **Sudor constanter per totum Iacobi corpus manat. Cur?**
   (a) Quia se Iacobus non lavit.
   (b) Quia aer calidus est.
   (c) Quia alae Iacobi male olent.
   (d) Nescimus.

5. **Quando Thermae Caracallae aedificatae sunt?**
   (a) Sub fine saeculi primi post Christum natum.
   (b) Saeculo secundo p.C.n.
   (c) Initio saeculi tertii p.C.n.
   (d) Inter saeculum quartum et quintum p.C.n.

6. **Quando Bellum Gothicum evenit?**
   (a) Saeculo tertio p.C.n.
   (b) Saeculo quarto p.C.n.
   (c) Saeculo quinto p.C.n.
   (d) Saeculo sexto p.C.n.

7. **Quot fontes aquae habuerunt Romani post Bellum Gothicum?**
   (a) Nullum.
   (b) Unum tantum.
   (c) Quinque.
   (d) Plurimos.

8. **Tiberis purus et limpidus fluvius est.**
   (a) Verum.
   (b) Falsum.
   (c) Nemo scit.

9. Febri laboro. Ergo...

    (a) Non aegroto.

    (b) Aeger sum.

    (c) Bene valeo.

    (d) Omnia illa vera sunt.

10. Ubi construxit Cicero domum suam?

    (a) In monte Aventino.

    (b) In monte Capitolino.

    (c) In monte Palatino.

    (d) Prope urbem Romam.

11. Romani antiqui in thermis non solum se _____, sed etiam colloquia habebant.

12. Mihi valde _____ libros in balneo legere.

13. Minime aegroto, immo _____ pancratice.

14. Nusquam est aer tam calidus _____ Romae.

15. Certe in morbum _____, si in Tiberi nato.

16. Quid de Thermis Caracallae hodie didicisti? Responde Latine aut Anglice.

17. Cur antiqui Romani bibliothecas in thermis aedificabant? Quid de hac re sentis?

IN MUSEO
LECTIO XXI

Interim Novi Eboraci Marcus museo appropinquat et per scalas ad introitum ascendit. Sed cum Iuliam nusquam videat, eam exspectat et sibi dicit:

nusquam—nullo in loco

MARCUS: Est hora quinta. Ubi est illa? Fortasse iam advenit et in museo me expectat? Sed mihi dixit se in scalis me expectaturam esse. Fortasse consilia mutavit neque veniet? Meum numerum telephonicum non habet, ergo, si non veniet, me certiorem facere non potest. Fortasse tam doctae tamque eleganti feminae placere non possum…

dixit: "te in scalis expectabo."

consilia mutare— mentem mutare, aliud constituere

aliquem certiorem facere—alicui dicere

ingredi—introire

Iulia, quae iam post Marcum stat, inquit,

IULIA: Salve! Spero te non diu me expectasse. Ignosce mihi! Sed ingrediamur!

In museum intrant.

pictura—imago picta

cui index—cui nomen, quae vocatur

MARCUS: Quid vis videre?

IULIA: Eamus ad picturam videndam cui index mors Socratis.

MARCUS: Mors Socratis?

ignorare—nescire

IULIA: Quid? Hanc picturam ignoras?

imperitus—non expertus, sine peritia, nescius

MARCUS: Ut vera dicam, sum imperitus talium artium…

barbari sunt homines qui a cultu et humanitate longe absunt

IULIA: Miror. Sat bene Latine loqueris, sed nihilominus ab omni cultu et humanitate longe abesse videris.

MARCUS: Timeo ne verum sit quod dicis.

Romani barbaros a fera vita ad humanum cultum deducunt

IULIA: Sine cura sis, Marce. Sequere me, et te a fera agrestique vita tua ad humanum cultum civilemque deducam.

MARCUS: Quam Ciceroniane dicis!

indoctus—non doctus, stultus

IULIA: Bene est: non omnino agrestis et indoctus es.

LECTIO XXI

laudare—bonas res dicere de aliquo

MARCUS: Noli me nimis laudare.

IULIA: Scisne saltem quomodo Socrates mortuus sit?

MARCUS: Quis ignorare potest?

IULIA: Non mirata essem…

ingenio et memoria ornatus—magnum ingenium et bonam memoriam habet

MARCUS: Iterum me laudas?

ignobili genere natus est—genitores eius non nobiles fuerunt.

IULIA: Socrates Athenis eo tempore natus est quo illa urbs et rerum gestarum gloria et sapientia ac bonarum

imitari—idem facere atque alius homo

artium studiis apprime florebat. Et ipse admirabili

vitare—non facere, evitare, fugere

ingenio et praecipua memoria, singularibus naturae donis, est ornatus, quamquam ignobili genere nasceretur.

ira et invidia moti— ob iram et invidiam

Totam vitam quid verum et rectum, quid falsum et malum, quid imitandum et quid vitandum esset docebat.

criminari—accusare

Iuvenes eum maximo cum gaudio sequebantur et audiebant, quippe qui gaudebant videre praestantissimos

capitis damnatus est—ad mortem missus est, morte punitus est

et illustrissimos cives a Socrate ita confutari ut ipsi

via facilis ad fugiendum—via qua facile fugere potuit

intellegerent se nescire quod sibi scire viderentur. Hac de causa ira et invidia moti inimici eum criminati sunt, et

parere (+dat.)— oboedire

ille capitis damnatus est. Quamquam amici ei facillimam

disserere—disputare, colloqui

ad fugiendum viam ostenderunt, Socrates legibus

carcer—homines scelesti in carcere includuntur

Atheniensium parere maluit. Sed etiam in carcere

134

mortem aequo animo expectans multis de rebus cum amicis disseruit, praesertim de immortalitate animi.

MARCUS: De animo nescio, sed certe ipse immortalitatem et gloriam aeternam consecutus est.

cunctari—dubitare, haesitare

IULIA: Quando ultimus dies venerit, ut ait Seneca noster, non cunctabitur sapiens ire ad mortem certo gradu.

1. Quem expectat Marcus prope museum?

   (a) Iuliam.

   (b) Stephanum.

   (c) Aemiliam.

   (d) Saram.

2. Quota hora est cum Marcus ad museum pervenit?

   (a) Tertia.

   (b) Quarta.

   (c) Quinta.

   (d) Sexta.

3. Iulia non potest Marcum certiorem facere si non veniet, quia...

   (a) Consilia mutavit.

   (b) Numerum telephonicum eius non habet.

   (c) Iam advenit et eum in museo expectat.

   (d) Dixit se eum in scalis expectaturam esse.

4. Quam picturam primum vult Iulia videre?

   (a) Picturam de Bello Gothico.

   (b) Picturam de aquis Tiberis.

   (c) Picturam de vita Senecae.

   (d) Picturam de morte Socratis.

5. Marcus dicit se peritum omnium artium esse.

   (a) Verum.

   (b) Falsum.

   (c) Nescimus.

6. Timeo ne quod dicis verum sit. Ergo...

   (a) Quod dicis falsum est.

   (b) Quod dicis verum esse non potest.

   (c) Quod dicis fortasse verum est.

   (d) Quod dicis mihi Ciceronianum esse videtur.

7. Non omnino agrestis et indoctus es. Ergo...

   (a) Longe ab omni humanitate abesse videris.

   (b) Imperitus es omnium artium.

   (c) De picturis Latine loqueris.

   (d) A cultu et elegantia remotus non es.

8. Quomodo Socrates mortuus est?

   (a) Capitis damnatus est.

   (b) In bello occisus est.

   (c) Aegrotabat.

   (d) Ignoramus.

9. Ubi Socrates natus est?

   (a) Romae.

   (b) Athenis.

   (c) Novi Eboraci.

   (d) Spartae.

10. Socrates legibus Atheniensium parere voluit. Ergo...

    (a) Ex urbe fugit.

    (b) E carcere evasit.

    (c) Amicos suos deseruit.

    (d) Mortem aequo animo obiit.

11. Socrates docebat quid imitandum et quid vitandum _____.

12. Iuvenes Socraten maximo cum _____ sequebantur.

13. Socratis inimici eum _____ sunt.

14. Socrates in carcere de immortalitate _____ cum amicis suis disseruit.

15. Nescis quod _____ scire videris.

16. Cur Socrates tam multos inimicos habebat? Responde Latine aut Anglice.

17. Quomodo Socrates immortalitatem et gloriam aeternam consecutus est?

NOVUS AMOR
LECTIO XXII

Post nonnullos dies Stephanus redit domum, ubi Marcum in lecto librum legentem invenit. Ecce eorum colloquium:

MARCUS: Stephane! Puto me amore captum esse.

STEPHANUS: Num amore libri?

MARCUS: Immo, feminae.

terere tempus— frustra consumere tempus

STEPHANUS: Noli terere tempus. Ab una femina omnes discere potes.

MARCUS: Noli citare Vergilium ut defensorem tuae adversae fortunae cum feminis. Noli hoc modo loqui de omnibus feminis!

STEPHANUS: Me paenitet, perperam dixi. Sed

intellego: loqueris de Iulia, deliciis tuis.

MARCUS: Quid ad me Iulia pertinet? De Livia loquor.

STEPHANUS: Livia? Quae est ista Livia? Et quid de
Iulia factum est, cuius amore tam inflammatus es?

deserere—relinquere

MARCUS: Iulia me deseruit ut iter per totum orbem
terrarum in navicula faceret. Duos tresve annos peregre
erit.

*navicula—parva
navis*

*peregre esse—
peregrinari, in alia
regione versari*

STEPHANUS: Et tu cum ea peregrinari noluisti?

MARCUS: Me invitavit et hortata est ut ego studiis
interruptis secum venirem, sed…

*mihi cordi (dat.)
est—mihi placet, mihi
gratum est*

STEPHANUS: Tibi magis cordi sunt viae tritae?

*viae quibus omnes
utuntur tritae fiunt*

MARCUS: Ita.

STEPHANUS: Rem missam faciamus. Sed gaudeo te
iam novam amasiam habes. Quae est ista Livia?

*rem missam
faciamus—
obliviscamur, plura
non dicamus*

amasia—amica

MARCUS: Illa est magistra linguae Latinae, Latine
loquitur. In tramine ei primum offendi.

*offendere—invenire,
convenire*

STEPHANUS: Mirum! Fortunatus es tu, qui tot feminas
Latine loqui valentes in tramine invenisti! Ut inveniam

birota
thermopolium—
taberna in qua
potiones calidae
offeruntur

lacertosus—validus
qui magnos lacertos
habet.

emendatus—
perfectus, sine
mendis, sine
erroribus

negare—dicere 'non',
recusare

alicubi—in aliquo
loco

ipse feminam, fortasse oportet saepius tramine vehi et minus birota…

MARCUS: Sed putabam te in thermopolio modo feminam pulchram invenisse. Ubi est saltatrix tua?

STEPHANUS: Omnia bene cesserunt, donec amiculus eius advenit.

MARCUS: Eratne ille te fortior et maior?

STEPHANUS: Maximus et valde lacertosus! Gladiatorem puto fuisse eius patrem... Sed satis de me meisque minus secundis amoribus. Quid de Livia?

MARCUS: Est emendatissima, et se iterum me videre velle non negavit…

STEPHANUS: Non negavit?

MARCUS: Ut vera dicam, non negavit, nec autem assensa est. Sed scio ubi futura sit et quando illic futura sit.

STEPHANUS: Hahae!

MARCUS: Aliquando hodie post meridiem alicubi in Campo Centrali erit.

STEPHANUS: Bonam fortunam!

MARCUS: Fer mihi auxilium, mi amice! Quid faciam?

STEPHANUS: Bene. Quota hora illam vidisti?

quota hora—quando

MARCUS: Hora undecima.

STEPHANUS: Ubi descendit?

MARCUS: In via cui nomen est Canal.

STEPHANUS: Et quid gerebat?

MARCUS: Vestimenta athletica.

STEPHANUS: Bene. Si putamus illam domum redire, lavari, prandium sumere, deinde tramine subterraneo recta ad campum centralem vehi, ex his coniectamus eam hora prima cum semihora illuc adventuram esse…

prandium—cibus qui meridie sumitur
recta—recta via
coniectare—coniecturam facere

MARCUS: Iam est hora prima!

STEPHANUS: Et circuitus campi centralis complectitur paene sex milia passuum. Si illa e loco se non movet et tu quinque milia passuum per horam ambulas tecumque binoculum aut telescopium confers, sequitur ut eam spatio duarum triumve horarum invenias.

binoculum

MARCUS: Nimis magnum est tale temporis spatium! Et telescopium non habeo…

recte mones—bene mones, recte dicis, ita est ut dicis

leo in vivario est

lectura est—leget

hoc nobis auxilio (dat.) est—hoc nos adiuvat, hoc nobis auxilium fert

STEPHANUS: Recte mones, oportet ergo nostra consilia paululum contrahere.

MARCUS: Illa certe non erit prope vivarium, neque prope museum, neque prope campos athleticos…

STEPHANUS: Ita est ut dicis.

MARCUS: Et Nasonem lectura est, si hoc nobis auxilio esse potest.

STEPHANUS: Quid opus Nasonis leget?

MARCUS: Libri Amorum placent, sed locum ex Arte Amatoria citavit…

STEPHANUS: Quid dixit?

MARCUS: Aliquid de fortuna vel casu.

STEPHANUS: 'Casus ubique valet…'

MARCUS: Sic!

STEPHANUS: '…Semper tibi pendeat hamus: quo minime credas gurgite, piscis erit.'

MARCUS: Ita, hic est locus quem citavit!

STEPHANUS: Ergo hoc est quod quaeris.

MARCUS: Non intellego.

STEPHANUS: Cogita paululum…

MARCUS: Non intellego…

STEPHANUS: Hamus, piscis…

MARCUS: Non intellego…

hamus (ad piscandum)

gurges—vorago in mari

piscis

1. **Stephano domum redeunte quid facit Marcus?**

    (a) Dormit.

    (b) Scribit.

    (c) Librum legit.

    (d) Cenam coquit.

2. **Cuius amore est captus Marcus?**

    (a) Libri.

    (b) Cibi.

    (c) Auri.

    (d) Feminae.

3. **Qua de femina loquitur Marcus?**

    (a) Iulia.

    (b) Corinna.

    (c) Livia.

    (d) Sara.

4. **Cur Iulia Marcum deseruit?**

    (a) Quia ei Marcus non placet.

    (b) Quia iter per orbem terrarum facere vult.

    (c) Quia novum amasium habet.

    (d) Quia Marcus incultus asinus est.

5. **Quid cordi est Marco secundum Stephani opinionem?**

    (a) Itinera nova.

    (b) Viae tritae.

    (c) Cenae sumptuosae.

    (d) Caffea atra.

6. **Stephanus laetatur quia Marcus novam amicam habet.**

    (a) Verum

    (b) Falsum

    (c) Nescimus

7. **Marcus primum Liviae in tramine...**

    (a) Offendit.

    (b) Offensus est.

    (c) Offendunt.

    (d) Offendat.

8. **Secundum opinionem Stephani, cur Marcus tam fortunatus est?**

    (a) Quia valde fortis et lacertosus est.

    (b) Quia in thermopolium pervenit.

    (c) Quia novis amoribus captus est.

    (d) Quia saepius tramine vehitur quam birota.

9. Quid Stephanus Marco suadet ut ferat?

    (a) Vestimenta athletica.

    (b) Librum Nasonis.

    (c) Auxilium.

    (d) Telescopium.

10. Locum ex quo opere Ovidii citavit Livia?

    (a) Ex Amoribus.

    (b) Ex Metamorphoseon Libris.

    (c) Ex Arte Amatoria.

    (d) Ex Epistulis.

11. Marcus dicit: "Scio ubi futura _____ et quando illic futura _____."

12. Stephanus dicit: "Recte mones. Oportet ergo nostra consilia _____."

13. Livia est magistra linguae Latinae et _____ loquitur.

14. Iulia Marcum _____ est ut ille quoque iter faceret.

15. Puto illam tramine subterraneo _____ redire.

16. Quid est telescopium? Quis hoc utitur et ad quem finem? Responde Latine.

17. Si te per totum orbem terrarum iter facere oporteret, quo pergeres? Cur?

IN CAMPO
LECTIO XXIII

*adiuvare—auxilium
ferre, auxilium dare*

*cursitare—huc et
illuc currere*

subsellium

quid agis?—ut vales?

*insolitum—quod
facere non solemus*

*mirum—novum—
absurdum*

Stephano adiuvante Marcus in Campo Centrali sursum et deorsum cursitat et tandem aliquando Liviam invenit. Marcus eam prope lacum in subsellio sedentem librum legere vidit. Festinabundus accurrit.

MARCUS: Salve, magistra!

LIVIA: Salve…

MARCUS: Quid agis?

LIVIA: Tantum Latine loquemur? Intellegis quam mirum et insolitum hoc esse videatur, nonne? Sed bene est: Lingua Latina vivat! Quidni per campum deambulemus?

MARCUS: Libenter!

Post deambulationem considere constituunt ut sub caelo legant. Liber autem quem Marcus legit ei taedium movet, nam inhiberi non potest quin iterum iterumque Liviam tueatur et contempletur. Tandem se ad eam inclinans in sermonem cum ea ingreditur:

sub caelo—foris, sub sole, non intus

Liber Marco taedium movet—liber non placet, Marcum libri taedet

in sermonem ingredi—colloqui incipere

MARCUS: Carmen quintum Catulli legis, nonne?

LIVIA: Converte librum tuum, Marce. Noli me abs re distrahere.

convertere—textum alio sermone interpretari

MARCUS: Ego quidem libros lego, non converto. Nam sum poeta vel philosophus, non philologus…

philosophari—agere ut philosophus

LIVIA: Ergo philosopheris et carmina scribas in silentio, quaeso.

MARCUS: Quid est hoc? Tam multos libros habes! Ecce liber in quo verba coniuguntur, ecce alius in quo nomina declinantur, ecce commentarius qui tibi indicat quid considerandum sit. Ubi est liber qui tibi explicat quid sentire debeas et quid tibi placere et displicere debeat cum carmina legas?

considerare—putare, censere

Medicus cadaver dissecat

LIVIA: Manedum, scio talem librum me hic habere…

MARCUS: Lingua Latina non est piscis mortuus! Non est dissecanda ut cadaver quoddam in laboratorio!

LIVIA: Ironiam meam non intellexisti? Iocata sum, Marce. Tranquillo esto animo.

MARCUS: Me paenitet. Sed minime mea refert, quod leges et normas grammaticales ignoro.

norma—lex, regula

LIVIA: At quod easdem leges et normas disco, mea interest maxime! Ut unum exemplum proferam, inspice hos versus Catulli: 'Vivamus mea Lesbia, atque amemus, rumoresque senum severiorum omnes unius aestimemus assis!' Qui casus est 'unius assis' et cur?

MARCUS: Flocci non facio qui casus sit!

LIVIA: Casu est genetivo. Indicat pretium. Hae regulae maximi momenti sunt!

MARCUS: Carmina expedite legenda, non implicite in alium sermonem convertenda sunt!

LIVIA: At carmina non solum cito legenda, sed etiam penitus intellegenda! Ergo saepissime lexica et libros grammaticales inspicere debemus.

MARCUS: Saepissime?

LIVIA: Fortasse exstat media via: nunc libri sunt rapide devorandi, nunc lente masticandi; nunc ad culmina philosophiae ascendendum, nunc ad minutias lexicales descendendum.

MARCUS: Bene est. Festinabimus lente, ut aiunt. Sed nunc est recitandum!

manum porrigere— extendere

Marcus surgit et Liviae manum porrigit.

MARCUS: Ego ero Catullus, et tu eris Livia.

LIVIA: Quid nugaris? Et nonne vis dicere Lesbiam?

MARCUS: Audi. 'Vivamus mea Livia atque amemus…'

LIVIA: Cur deformas et violas verba Catulli?

MARCUS: 'Rumoresque senum severiorum omnes unius aestimemus assis.'

memoria tenere—
memoria tenemus
quod memoriae
mandamus

LIVIA: Totumne carmen memoria tenes?

MARCUS: Musa me movet et per me loquitur! 'Soles occidere et redire possunt. Nobis cum semel occidit brevis lux…'

LIVIA: '…nox est perpetua una dormienda.'

MARCUS: Euge, Livia! 'Da mi basia mille, deinde centum, dein mille altera, dein secunda centum, deinde usque altera mille, deinde centum.'

LIVIA: 'Dein cum milia multa fecerimus…'

MARCUS: '…conturbabimus illa, ne sciamus…'

LIVIA: '…aut ne quis malus invidere possit…'

MARCUS: '…cum tantum sciat esse basiorum.'

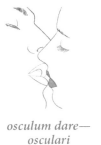

osculum dare—
osculari

Marcus, qui iam prope Liviam stat, se inclinat ut illi osculum det, sed illa retro salit et inquit,

LIVIA: Nunc intellego! Memoriam photographicam habes! Hac de causa omnes versus recitare potuisti!

LECTIO XXIII EXERCITIA

1. **Ubi Marcus Liviam invenit?**

   (a) In Campo Centrali.

   (b) In Thermis Caracallae.

   (c) In Foro Romano.

   (d) In urbe Lutetia Parisiorum.

2. **Quid facit Livia cum Marcus eam invenit?**

   (a) Deambulat.

   (b) Cum amicis colloquitur.

   (c) Librum legit.

   (d) Poemata Latina scribit.

3. **Quid Liviae mirum et insolitum esse videtur?**

   (a) Marci vestimenta athletica.

   (b) Subsellium in quo sedet.

   (c) Poema quod legit.

   (d) Latine cum Marco loqui.

4. **Livia: "Iocata sum." Livia ergo dixit...**

   (a) Eam iocatam.

   (b) Se iocatam esse.

   (c) Se iocari.

   (d) Sibi ioca placere.

5. **Marcus et Livia primum legunt, deinde per Campum deambulant.**

   (a) Verum.

   (b) Falsum.

   (c) Nemo scit.

6. **Sermonem tecum ingredi volo. Hoc est...**

   (a) Me paenitet tecum deambulare.

   (b) Mihi liber meus taedium movet.

   (c) Tecum colloqui cupio.

   (d) Tibi suadere volo ut mecum deambules.

7. **Quid Marcum inhibet quin animum in librum suum intendat?**

   (a) Deambulatio per Campum.

   (b) Liviae contemplatio.

   (c) Catulli ironia.

   (d) Difficultas linguae Latinae.

8. **Marcus sibi videtur philologus esse.**

   (a) Verum

   (b) Falsum

   (c) Nescimus

9. Quas partes agunt Marcus et Livia?

    (a) Propertius et Cynthia.

    (b) Tibullus et Delia.

    (c) Catullus et Lesbia.

    (d) Ovidius et Corinna.

10. Cur putat Marcus se totum carmen recitare posse?

    (a) Quia sol splendet.

    (b) Quia Musa per eum loquitur.

    (c) Quia Livia cum eo Latine loquitur.

    (d) Nescimus.

11. Livia dicit: "Converte librum tuum, Marce, et _____ me abs re distrahere."

12. Marcus dicit: "Lingua latina non est _____ mortuus!"

13. Tu putas te esse omnium doctus _____ Latine loqueris.

14. Nullum mihi dubium est _____ etiam hoc celeberrimum poema ignoretis.

15. Marcus dicit: "Non flocci _____ qui casus sit!"

16. Secundum opinionem Marci, qualis homo legit libros, et qualis homo convertit? Cur?

17. Cur Livia periculum facit Marci scientiae? Responde Latine aut Anglice.

TEMPLUM MINERVAE
LECTIO XXIV

Interim Romae Corinna amicis suis ambulationem per Campum Martium proponit.

CORINNA: Ad Pantheon imus. Venisne nobiscum?

ROBERTUS: Non possum. Grammatica Latina nobis studenda est. Cras est dies probationis.

IACOBUS: Tempus fugit, negotium sempiternum est.

LEA: Certe, Corinna, sed Latine loquamur ut mentes nostras exerceamus.

CORINNA: Eamus.

Corinna et Lea ad Pantheon adveniunt.

agmen

CORINNA: Pro dolor! Agmen ingens est illorum qui ingredi volunt! Olim Pantheon vidi et in aedificium veni. Fortasse cras Pantheon visitabimus?

LEA: Consentio tibi. Sed aspice hunc obeliscum! Non maximus est, sed dulcis et decorus.

CORINNA: Ita, minimus est hic obeliscus. Iohannes Laurentius Bernini sculptor elephantum fecit.

LEA: Re vera? Bernini ipse? Statuas eius plurimas admirata sum.

CORINNA: Legamus inscriptionem:

SAPIENTIS AEGYPTI

INSCVLPTAS OBELISCO FIGVRAS

AB ELEPHANTO

BELLVARVM FORTISSIMA

GESTARI QVISQVIS HIC VIDES

DOCVMENTVM INTELLIGE

ROBVSTAE MENTIS ESSE

SOLIDAM SAPIENTIAM SVSTINERE.

intellige—
intellege

LEA: Valde mirum! Sed quid significat?

CORINNA: Animal illud quasi allegoria mentis est, quae sapientiam (id est, obeliscum) fortiter sustinere debet.

LEA: Et quae est ecclesia haec?

Minerva

CORINNA: Vocatur Sancta Maria supra Minervam.

LEA: 'Supra Minervam'... Quid hoc significat?

CORINNA: Haec ecclesia supra templum Minervae, deae sapientiae, aedificata esse dicebatur. Sed cives Romani medii, ut dicitur, aevi fallebantur: nam templum hoc Isidi dedicatum erat!

LEA: Nesciveram. Fortasse nomen ecclesiae mutari debet: 'Sancta Maria Supra Isidem.'

Corinna et Lea ad aream ante Pantheon ambulant et inscriptionem, quae in templo invenitur, inspiciunt.

CORINNA: Quidni inscriptionem legas?

LEA: Conabor: M AGRIPPA L F COS TERTIUM FECIT. Puto hoc significare: 'Marcus Agrippa Lucii filius consul tertium fecit.'

CORINNA: Recte dixisti!

LEA: Ergo Agrippa omnibus deis immortalibus hoc templum dedicavit?

CORINNA: Ita vero. Pantheon Graece significat 'omnino divum.' Sed hoc templum, quod nunc aspicimus, ab Agrippa ipso non est factum. Templum vetustius, quod nunc non exstat, hoc in loco dedicaverat Agrippa, sed postea Hadrianus, imperator Romanus, hoc aedificium mirabile fieri iussit.

LEA: Cur novum templum Hadrianus curavit aedificandum?

CORINNA: Templum ab Agrippa constructum flammis deletum est. Incendia in urbe veteri semper imminebant.

LEA: Et cur hoc templum ab Hadriano factum tam bene conservatum est?

CORINNA: Christi fideles hoc templum Romanum in ecclesiam Christo dedicatam converterunt!

LEA: Valde mihi oculos delectat! Et quae est inscriptio illa, quae pone nos invenitur?

CORINNA: Legam.

PIVS VII P M AN PONTIFICATVS SVI XXIII

AREAM ANTE PANTHEON M AGRIPPAE

IGNOBILIBVS TABERNIS OCCVPATAM

DEMOLITIONE PROVIDENTISSIMA

AB INVISA DEFORMITATE VINDICAVIT

ET IN LIBERVM LOCI PROSPECTVM PATERE IVSSIT.

P M — Pontifex Maximus

AN — anno

M Agrippae — Marci Agrippae

LEA: Mirabile. Sed etiam nunc ignobiles tabernae hac in platea morantur! Aspice illam tabernam mercatoriam ubi isicia Hamburgensia venum eunt!

taberna mercatoria

CORINNA: 'O tempora! O mores!'

LEA: Sed ego esurio…

esurio

1. Quis proponit ambulationem?

   (a) Marcus

   (b) Lea

   (c) Corinna

   (d) Robertus

2. Quando est grammatica Latina amicis nostris studenda?

   (a) Hodie

   (b) Cotidie

   (c) Cras

   (d) Numquam

3. Quo perveniunt Corinna et Lea?

   (a) Ad Forum Romanum.

   (b) Ad Thermas Caracallae.

   (c) Ad Campum Centralem.

   (d) Ad Pantheon.

4. Quomodo vult Lea mentem exercere?

   (a) Per Campum Martium ambulando.

   (b) Latine loquendo.

   (c) Statuas antiquas admirando.

   (d) Obeliscum construendo.

5. Qualis est obeliscus, quem Lea et Corinna aspiciunt?

   (a) Ingens.

   (b) Maximus.

   (c) Aeneus.

   (d) Decorus.

6. Quid significat imago in obelisco illo?

   (a) Templum Romanum in ecclesiam conversus est.

   (b) Mens humana sapientiam sustinere debet.

   (c) Templum deae Isidi dedicatum erat.

   (d) Nemo scit.

7. Quis aedificavit Pantheon, quod Lea et Corinna visitant?

   (a) Marcus Agrippa.

   (b) Lucius Agrippa.

   (c) Hadrianus imperator.

   (d) Caracalla.

8. Cui Pantheon dedicatum est?

   (a) Isidi.

   (b) Minervae.

   (c) Apollini.

   (d) Deis immortalibus.

9. Ubi est Pantheon?

    (a) In monte Aventino.

    (b) In Campo Martio.

    (c) In monte Palatino.

    (d) In Campo Centrali.

10. Quis fuit Bernini?

    (a) Pictor antiquus.

    (b) Imperator Romanus.

    (c) Architectus qui
        Pantheon fecit.

    (d) Sculptor qui Romae
        vixit.

11. Templum ab Agrippa
    aedificatum incendio
    _____ est.

12. Elephantus belluarum
    omnium _____
    est.

13. Tempus fugit, sed
    _____
    sempiternum est.

14. Non possum vobiscum
    venire. Mihi grammatica
    Latina _____ est.

15. Etiam nunc tabernae
    mercatoriae _____ Campo
    Martio morantur.

16. Quid est allegoria? Quid
    de allegoria elephanti a
    Bernini sculpta didicisti?

17. Cur novum Pantheon
    longe post Agrippam
    mortuum aedificare
    oportuit?

DUBITATIONES
LECTIO XXV

vestimenta ad somnum apta

cenatio—conclave ubi cenatur

aptus—idoneus, proprius, accomodatus

Interim Novi Eboraci Marcus in cenatione caffeam bibit. Stephanus adhuc vestimenta ad somnum apta gerens in cenationem intrat.

MARCUS: Salve, mi amice! Ut vales? Omnia bene cedunt? Ego quidem optime me habeo!

bene mane—valde mature

STEPHANUS: Cur tam bene mane e lecto surrexisti, Marce?

MARCUS: Quid dicis? Iam est secunda hora post meridiem.

STEPHANUS: Recte mones.

MARCUS: Quid tam multum dormis? Virum industrium et sapientem sol numquam in lecto videbit. At tibi caffeam coxi.

industrius— impiger, qui libenter laborat

STEPHANUS: Gratias. Sed quid est hoc? Quidnam inferorum bibis?

MARCUS: Si fueris Romae, ut aiunt, Romano vivito more; si fueris alibi, secundum mores illius terrae vivito. Ergo Romanum in modum caffeam praeparavi.

STEPHANUS: Sed nondum Romae es. Novi Eboraci sumus, et ego quidem Neo-Eboracensium more caffeam bibere volo.

MARCUS: Longe ab omni cultu et humanitate abes, Stephane…

STEPHANUS: Mihi tantum placet caffea grandis magnitudinis e thermopolio cui nomen Starbucks. Et bene scio tales caffeas tibi quoque quondam placuisse.

quondam—olim, non nunc

MARCUS: Multa mihi quondam placere solebant. Tum Liviam conveni.

STEPHANUS: Es genuinus adulescens amator.

amasia—amica
amatoria

amnis—fluvius

omnia aguntur
secundum amnem
et ventos—omnia
bene se habent, bene
cedunt

medulla

medulla—
(metaphorice) quod
maximi momenti est

aenigma

MARCUS: Iam tres ante hebdomades amasia mea est facta, et hoc tempore omnia aguntur, ut aiunt, secundum amnem et ventos. Est omnium mearum amasiarum non solum pulcherrima sed immo etiam doctissima.

STEPHANUS: Sed est tua prima, unica, solaque amasia…

MARCUS: Stephane, hoc est magni momenti. Puto eam de lingua Latina non idem sentire atque nos.

STEPHANUS: Sed linguam Latinam docet.

MARCUS: Sed non usque ad medullam huius linguae penetrat. Utinam aliquando eodem linguae Latinae amore flagret!

STEPHANUS: Non dubito quin Livia linguam Latinam non solum amet, sed etiam melius calleat quam tu!

MARCUS: Haud perperam dixisti.

STEPHANUS: Ergo quae est difficultas?

MARCUS: Lingua Latina, eius quidem sententia, saepe videtur esse aenigma, quod explicari debet.

STEPHANUS: Et re vera multae sententiae Latinae sunt valde difficiles! Sed si hac in re mentem eius mutare velis, eam disputatione docere debes atque argumenta proponere quae facile intellegi possunt.

MARCUS: Doce me, o sapientissime!

STEPHANUS: Id quod de lingua Latina sentis, exempli gratia, comparare potes rebus quae Liviae maxime cordi sunt.

MARCUS: Quomodo?

STEPHANUS: Tibi exemplum proponam. Nonne fuisti athleta in lycaeo?

pedifollis

MARCUS: Pedifolle ludebam.

STEPHANUS: Num multos libros de arte pedifollii legisti, an modo lusisti?

MARCUS: Intellego quid dicas. Es homo sapiens, Stephane.

STEPHANUS: Exaudi igitur sententiam hominis sapientis: Haec caffea mihi re vera pessime sapit.

Sara et Aemilia, quae in cenatione adhuc tacitae sedebant, risum continere non possunt.

MARCUS: Cur nos deridetis, amicae?

AEMILIA: Quia tam obtusi estis. Lingua Latina est vehiculum quo nos omnes ad fontes antiquos accedere possimus.

SARA: Recte dicis, Aemilia. Et noli hoc modo loqui de tua Livia: Ego illam bene novi, et illa optime Latine loquitur.

AEMILIA: Ita est ut dicis, Sara. Et illa in schola sua artem grammaticam docet, sed hoc nullo modo significat illam de lingua Latina viva et activa non idem sentire atque nos omnes.

MARCUS: Bene et recte dicitis. Sed nihilominus ego eam interrogabo et discam quid re vera de lingua Latina sentiat.

1. Ubi Marcus caffeam bibit?

   (a) Romae

   (b) Novi Eboraci

   (c) Philadelphiae

   (d) Lutetiae Parisiorum

2. Quid gerit Stephanus cum in cenationem intrat?

   (a) Cibum ad prandium aptum.

   (b) Caffeam modo Romano coctam.

   (c) Vestimenta nocturna.

   (d) Librum de lingua Latina.

3. Quota hora Stephanus e lecto surrexit?

   (a) Prima

   (b) Secunda

   (c) Tertia

   (d) Quarta

4. Cur Stephanus tam multum dormiit?

   (a) Quia valde piger est.

   (b) Quia aegrotat.

   (c) Quia caffeam non habuit.

   (d) Nescimus.

5. Stephano valde placet caffea quam Marcus coxit.

   (a) Verum.

   (b) Falsum.

   (c) Nemo scit.

6. Quid adeo mutatum est in vita Marci ut nunc multa ei non placeant quae olim placuerint?

   (a) Iter Romam factum.

   (b) Novus amor.

   (c) Latina eruditio.

   (d) Nescimus.

7. Quando Marcus Liviam primum convenit?

   (a) Iam ante dies quattuor.

   (b) Iam ante quinque horas.

   (c) Iam ante plurimos annos.

   (d) Iam ante tres hebdomades.

8. Quam ob rem Marcus de Livia dubitat?

   (a) Quia ille nescit, quid Livia de eo sentiat.

   (b) Quia Liviam putat non idem de lingua Latina sentire ac se.

   (c) Quia timet, ne Livia alium amasium habeat.

   (d) Nemo scit.

9. Quod est Liviae officium?

    (a) Livia pedifolle ludit.

    (b) Livia archaeologa est.

    (c) Livi linguam
        Latinam docet.

    (d) Livia medica est.

10. Cur Sara et Aemilia
    amicos derident?

    (a) Quia obtusi sunt.

    (b) Quia caffea eorum non
        bona est.

    (c) Quia de Livia loquuntur.

    (d) Quia pedifolle
        ludunt.

11. Stephanus ait: "Sed
    _____ Romae es.
    Immo, Novi Eboraci
    sumus."

12. Stephanus dicit: "Bene
    scio tales caffeas tibi
    quoque quondam
    _____."

13. Marcus ait: "Hoc tempore
    omnia aguntur, ut aiunt,
    secundum _____ et
    ventos."

14. Marcus de Livia dicit:
    "Est omnium mearum
    amasiarum non solum
    _____, sed immo
    etiam doctissima."

15. Stephanus ait: "Compara
    linguam latinam rebus
    quae _____ maxime
    cordi sunt."

16. Quid tibi maxime cordi
    est? Cur? Responde
    Latine.

17. "Lingua Latina est
    vehiculum quo nos
    omnes ad fontes antiquos
    accedere possimus." Quid
    de hoc sentis? Cur magni
    momenti est ad fontes
    antiquos accedere posse?

IN TABERNA
LECTIO XXVI

Marcus Liviam ad cenam in taberna quadam invitaverat. Et res aliter cecidit ac Stephanus putaverat: Illa promisit se cum eo cenaturam esse. Post cenam optimam de altioribus rebus colloqui incipiunt:

LIVIA: Quaeque sententia est aenigma vel ambages, et hac de causa lingua Latina mihi placet. Verba temporalia invenis, vocabula implexa expedis et extricas, et adhibitis legibus grammaticis de significatione coniecturam facis.

MARCUS: Sed ad eum finem scriptores non scribebant, neque hoc fuit iis propositum. Non agebant veluti mathematici qui suis alumnis problemata exponenda obiiciunt, numquam putabant lectores scripta sua magno cum sudore in aliam linguam conversuros esse,

aliter ac—alio modo, non eodem modo ac

*promittere—spondere, polliceri
aenigma—quod solvendum proponitur*

verba temporalia—ut esse, agere, facere, etc.

adhibere—uti

expedire—explicare, enodare, intrepretari

hoc mihi est propositum—hoc in animo est, hoc facere volo

magno cum sudore—vix, cum difficultate

vir sudorem de capite tergit

━━━━━━━━━━━

sed potius vividis imaginibus animos lectorum movere eis in votis erat. Declinationibus nihil in animo movetur, nisi forsitan taedium.

sedulus—assiduus, diligens

LIVIA: Sed sine sedulo studio et notitia, exempli gratia, omnium usuum casus ablativi, quomodo omnia sine difficultate intellegere valemus?

consentire—idem sentire et putare

MARCUS: Tecum consentire non possum, nam sine difficultate Latine et loquor et lego, sed tamen sum pessimus discipulus neque novi omnes usus casus ablativi.

LIVIA: Doctam doces. Magistri tui misereor. Sed ego non solum omnes usus casus ablativi novi, sed etiam Latine eleganter loqui valeo.

scin—scisne

MARCUS: Scisne, me nescire hos usus ablativi me non modo non pudere, sed immo mihi gloriam adferre videri? Nam insuper Erasmus et Cicero et Vergilius omnes ignorabant neque umquam ita de ablativo cogitabant. Usu discimus, loquendo discimus, experiendo discimus. Esne athleta?

LIVIA: In lycaeo natare solebam.

natare, natatio

MARCUS: Quot annos de natatione legebas priusquam natare inciperes?

LIVIA: De natatione legere non est opus, quia statim in aquam salis, post huc illuc vagaris et demum in altiorem aquam pergere satis est, ut bene nates.

huc—ad hunc locum
illuc—ad illum locum
vagari—errare

MARCUS: Ita prorsus dico. Si per totam vitam de natatione legeris neque vel unguibus aequor tetigeris, cum primum mare intrabis, submergeris.

ungues

aequor—aqua tranquilla

LIVIA: Sed ubi est istud mare? Numquid machinamentum habes quo per aetates et saecula hominum itinera facere potes?

homo submergitur

MARCUS: Latine loquendo iter per omnes hominum aetates facere soleo, nullis machinamentis pseudoscientificis adhibitis.

LIVIA: Hanc ob causam etiam ego Latine loquor! Sed non dubito quin valde fessus sis, qui per tot aetates tuo Marte iter facis.

MARCUS: Hahae! Optimum iocum! Neque ego dubito quin tu quoque sis fessa.

LIVIA: Cur?

MARCUS: Quia toto die per mentem meam cucurristi!

LIVIA: Numquam lineam istam audivi.

MARCUS: Numquam?

LIVIA: Iocor, Marce.

LECTIO XXVI EXERCITIA

1. Quo Marcus Liviam invitaverat?

   (a) Ad bibliothecam.

   (b) Ad thermas.

   (c) Ad cenam.

   (d) Ad Forum Romanum.

2. Quid Liviam facturam esse putabat Stephanus?

   (a) Stephanus putabat eam cum Marco cenaturam esse.

   (b) Stephanus putabat eam in tabernam ituram esse.

   (c) Stephanus putabat eam de altioribus rebus cum Marcum collocuturam esse.

   (d) Stephanus putabat eam cum Marco cenare nolle.

3. Quid Livia de lingua Latina sentit?

   (a) Ei lingua Latina non placet.

   (b) Ei lingua Latina valde placet.

   (c) Ea linguam Latinam ignorat.

   (d) Ea linguam Latinam facillimam esse putat.

4. Quomodo Livia textus Latinos legere solet?

   (a) Vocabula implexa extricat.

   (b) De legibus grammaticis cogitat.

   (c) Coniecturam de significatione facit.

   (d) Omnia illa vera sunt.

5. Qui casus est "adhibitis legibus grammaticis"?

   (a) Genitivus.

   (b) Dativus.

   (c) Accusativus.

   (d) Ablativus.

6. Ut Marco videtur, scriptores Latini sunt similes mathematicis.

   (a) Verum.

   (b) Falsum.

   (c) Nescimus.

7. Marci opinione, expectabantne scriptores Latini sua scripta in aliam linguam conversum iri?

   (a) Ita.

   (b) Fortasse.

   (c) Minime.

   (d) Nescimus.

8. Quid significat "eis in votis erat"?
   (a) Illi hoc putabant verum esse.
   (b) Illi hoc credebant falsum esse.
   (c) Illi sperabant hoc fore.
   (d) Illi hoc ignorabant.

9. Quid Livia in lycaeo facere solebat?
   (a) Ea currere solebat.
   (b) Ea pedifolle ludebat.
   (c) Ea linguam Graecam docebat.
   (d) Ea natare solebat.

10. Mihi multum de natatione legendum est antequam natare possim.
    (a) Verum
    (b) Falsum
    (c) Nemo scit

11. De hoc tecum consentire non _____.

12. Loquendo et experiendo linguam Latinam _____.

13. Ego non _____ quin tu quoque sis fessa.

14. Livia eleganter Latine _____ valet.

15. Magno cum sudore hunc textum in aliam linguam non sum _____ .

16. Si haberes machinamentum quo per aetates et saecula hominum itinera facere possis, quo saeculo vivere velles? Responde Latine.

17. Quomodo putas textus Latinos legere oportere? Cur?

MARCUS SARCINAS COLLIGIT
LECTIO XXVII

sarcinae

Post aliquot dies Marcus in diaeta sarcinas colligit, nam cras iter Romam faciet. Ecce colloquium inter Marcum et Stephanum:

STEPHANUS: Non possum adduci ut credam te cras nos relicturum esse.

non adducor ut credam—non credo

MARCUS: Ita est ut dicis, amice. Tempus fugit.

STEPHANUS: Tam multa et magna Romae te expectant. Cum eris Romae, procul dubio comedes magnam copiam placentarum Neapolitanarum et lactis gelati!

placenta neapolitana

MARCUS: Sane comedam.

STEPHANUS: Romae, ut fertur, sol semper lucet. Putasne tibi opus futurum esse ceromate quo te ab radiis

ut fertur—ut dicunt, ut dicitur, ut ferunt

solis defendere potes?

MARCUS: Puto non supervacaneum futurum esse: aestas enim est.

supervacaneus— non necessarius

STEPHANUS: Umbraculumne tecum ferre necesse est?

MARCUS: Minime. Sed si res exigit et ad triarios redit, Romae umbraculum emam.

exigere— postulare

STEPHANUS: Memento, Marce, Romam Novo Eboraco non tam similem esse. Omnes res ad victum cultumque necessarias, quae ad vitae commoditatem iucunditatemque pertinent, in quolibet quadrivio emere non poteris.

quadrivium—ubi quattuor viae conveniunt

MARCUS: Doctum doces, Stephane. Bene scio Romam Novo Eboraco nullo modo similem esse: nam multo melior est.

Doctum doces— dicis quod iam scio

STEPHANUS: Quid? Coram me, in hac diaeta, tales nugas dicere audes?!

coram me—in mea praesentia

MARCUS: Veniam da, mi Stephane: certe Novum Eboracum est urbs bona--nec quisquam dubitet!--sed Roma melior est. Istud, mi Stephane, in dubium nullo modo venit.

STEPHANUS: Sed oblivisceris Novum Eboracum esse urbem ubi artes maxime vigeant?

MARCUS: Romae artes multo amplius vigent, et multo maturius vigere inceperunt! Tu videris oblitus esse urbem abhinc paene tria milia annorum conditam esse!

STEPHANUS: Rem illam missam faciamus. Sed hoc dicam: Ex omnibus urbibus post hominum memoriam Novum Eboracum est urbs maxima et potentissima.

post hominum memoriam—inde ab initio memoriae humanae

MARCUS: Sed temporibus suis Roma fuit maior et potentior.

STEPHANUS: Novum Eboracum tamen est urbs pulcherrima…

MARCUS: Hoc convenit inter nos. Roma tamen fortasse erit pulchrior.

STEPHANUS: De gustibus non est disputandum. Sed si mihi amica pulcherrima esset, numquam Romam proficiscerer.

proficisci—iter incipere

MARCUS: Tecum non dissentio…

STEPHANUS: Et quomodo cedunt res cum tua Livia?

quomodo res cedunt—quomodo res se habet?

Marcus silet nec ullum verbum profert.

STEPHANUS: Noli mihi dicere illam nihil scire de itinere tuo!

fallere—decipere, illudere

MARCUS: Quis fallere possit amantem?

testis—qui testimonium fert

STEPHANUS: Noli Vergilium tuae ineptiae testem citare! Nondum illi dixisti?

MARCUS: Nonne Dido Aeneae decessum praesensit priusquam ille aliquid dixit?

STEPHANUS: Et quomodo hoc consilium Aeneae et Didoni cessit?

MARCUS: Sane melius Aeneae cessit quam Didoni.

animum capere— bonum animum habere, bono animo esse

STEPHANUS: Ergo animum cape et dic ei.

MARCUS: Bene et recte mones. Animum meum confirmasti. Ei dicere debeo.

1. Quando Marcus iter Romam faciet?

   (a) Heri

   (b) Hodie

   (c) Cras

   (d) Perendie

2. Stephanus dicit: "Cum eris Romae...." Quo casu est "Romae"?

   (a) Nominativo

   (b) Genetivo

   (c) Dativo

   (d) Locativo

3. Quomodo aliter dici potest "ut fertur"?

   (a) Ut dicitur

   (b) Ut aiunt

   (c) Ut portatur

   (d) Et A et B

4. Secundum Marcum, necesse erit Romam ferre...

   (a) Unguentum radiis solis repellendis

   (b) Umbraculum

   (c) Et A et B

   (d) Nec A nec B

5. Stephanus credit in urbe Romana omnia ubique emi posse.

   (a) Verum

   (b) Falsum

   (c) Nescimus

6. Quis putat Romam Novo Eboraco meliorem esse?

   (a) Marcus

   (b) Stephanus

   (c) Omnes

   (d) Nemo

7. Stephanus non putat Novum Eboracum esse urbem...

   (a) Maximam.

   (b) Vetustissimam.

   (c) Pulcherrimam.

   (d) Potentissimam.

8. Stephanus dicit: "Si mihi amica pulcherrima esset, numquam Romam proficiscerer." Estne ei amica?

   (a) Ita

   (b) Non

   (c) Nescimus

9. Marcus omnia de itinere suo Liviae iam explicavit.

    (a) Verum

    (b) Falsum

    (c) Nescimus

10. Cuius versus citat Marcus ut se excuset?

    (a) Catulli

    (b) Horatii

    (c) Vergilii

    (d) Ovidii

11. Omnes res in quolibet _____ emere non poteris.

12. Sed si res exigit et ad _____ redit, Romae umbraculum emam.

13. Doctum _____, Stephane.

14. Rem illam _____ faciamus.

15. De gustibus non est _____.

16. Quam urbem in toto orbe terrarum esse pulcherrimam putas? Cur?

17. Suntne heroes antiqui semper imitandi? Suntne nobis bono exemplo? Explica Latine, sodes!

OPTIMA LATRINA OSTIAE
LECTIO XXVIII

Interim Romae Lea Corinnam quaerit, num ad Ostiae litora secum ire velit.

acta

CORINNA: Cur Ostiam ire cupis? Plurimae sunt actae amoenae in Latio.

LEA: Minime ad actam ire cupio. Volo reliquias archaeologicas ibi scrutari, quia narratiunculam Latina lingua scribere volo, cuius personae Ostiae habitant. Monica quoque Ostiae habitabat!

CORINNA: Quam Monicam narras?

LEA: Matrem Augustini dicere volo, quae Ostiae periit. Augustinus libro nono Confessionum mortem matris suae hoc modo descripsit: 'et cum apud Ostia Tiberina essemus, mater defuncta est.'

CORINNA: De hac re nescivi! Nonne post matris obitum maximo dolore affectus est Augustinus?

LEA: Certe. Augustinus enim conversionem suam matri suae ascribere videtur. Pro eo Monica, quae Christi fidelis erat, cotidie Deum precata est…

precata

CORINNA: Cur?

bibulus et libidini addictus

LEA: Quia Augustinus erat bibulus et libidini addictus. Illa cogitavit Augustinum in errorem cecidisse.

CORINNA: Et precibus illius respondit Deus?

LEA: Maxime cupiebat Monica filium suum Christi fidelem fieri, antequam diem suum obiit. Et factum est!

CORINNA: Mirabile auditu! Quid videre Ostiae poterimus?

LEA: In ecclesia, quae haud longe ab ipsis ruinis abest, poterimus antiquum Monicae epitaphium inspicere. Nunc legam inscriptionem:

HIC POSVIT CINERES GENETRIX CASTISSIMA PROLIS

AVGVSTINE TVIS ALTERA LUX MERITIS

QVI SERVANS PACIS CAELESTIA IVRA SACERDOS

COMMISSOS POPVLOS MORIBVS INSTITVIS

GLORIA VOS MAIOR GESTORVM LAVDE CORONAT

VIRTVTVM MATER FELICIOR SVBOLE.

CORINNA: Bene scriptum et lectum! Penitus tetigit cor filio mater, ut videtur.

LEA: Ita vero. Sed Ostienses antiqui multitudinem deorum dearumque colebant. Ostia enim portus erat, et illuc mercatores ex omnibus terris iter faciebant ut merces emerent et venderent. Hi mercatores erant varii, variique erant dei, quibus favebant. Non solum Iudaei et Christiani Ostiam petiverunt, sed etiam adepti Mithrae, et Isidis, et Serapidis, et Magnae Matris, et Castoris Pollucisque, necnon Vulcani, qui erat deus patrius Ostiae.

Mithras

Isis

CORINNA: Mirabile! Quidni ad ruinas proficiscamur?

LEA: Proximum tramen nunc discedit. Eamus!

Lea et Corinna in aream archaeologicam ineunt.

LEA: Mirabiles has lapides aspice, Corinna!

CORINNA: His in inscriptionibus nonnulla libertorum nomina animadvertere videor.

LEA: Fieri potest. Nam paucissimi Ostienses fuerunt divites. Magna pars incolarum ex hominibus operosis et libertis et servis constabat.

Corinna et Lea in porticum ante theatrum adveniunt.

LEA: Ecce porticus, qui dicitur, Corporationum! Haec opera mosaica emptoribus demonstrabant quid hic venum iret: garum, naves, materia, elephanti...

CORINNA: Elephanti? Hoc fieri non potest!

LEA: Sed ecce animalia varia in mosaicis! Non solum

elephanti sed etiam multa animalia videntur. Hoc in mosaico apri magni cum cervis ludunt. Romani venationes valde amabant.

CORINNA: Recte mones. Atque quid est aedificium illud?

Lea cachinnat.

CORINNA: Estne latrina?

LEA: Ita. Et…

CORINNA: Quid?

LEA: Coperculum sarcophagi in sedibus latrinae sculptum est.

sarcophagus

CORINNA: Eheu! Larvae et lemures resurrecturi sunt! Incolae sepulchri terrores latrinae sunt.

LEA: Latrinas modernas certissime malo.

larvae et lemures

1. Lea vult Ostiam petere...

   (a) ut lapides iactet

   (b) ut radiis solis fruatur

   (c) ut reliquias archaeologicas inspiciat

   (d) Nescimus

2. Monica, mater _____, Ostiae periit.

   (a) Augusti Caesaris

   (b) Constantini

   (c) Hieronymi

   (d) Augustini

3. De filio Monicae quid non est verum?

   (a) Erat bibulus et libidini addictus.

   (b) Christi fidelis factus est antequam mater obiit.

   (c) Morte matris maximo dolore affectus est.

   (d) Ostiae sepultus est.

4. Omnes, qui Ostiae habitabant, erant Christiani.

   (a) Verum.

   (b) Falsum.

   (c) Nescimus.

5. Quis fuit deus patrius urbis Ostiae?

   (a) Mithras

   (b) Isis

   (c) Magna Mater

   (d) Vulcanus

6. In urbe Ostiensi magna pars incolarum ex _____ constabat.

   (a) Divitibus

   (b) Imperatoribus

   (c) Militibus

   (d) Hominibus operosis

7. In porticu Corporationum quid non venum ibat?

   (a) Naves

   (b) Garum

   (c) Elephanti

   (d) Omnia haec tria

8. Ubi est porticus?

   (a) In urbe Ostia.

   (b) Ante theatrum.

   (c) Prope mare Tyrrhenum.

   (d) Omnia haec tria venum ibant.

9. Qui sunt emptores?

    (a) Ii, qui merces emunt.

    (b) Mercatores, sive ii qui mercem vendunt.

    (c) Res pecuniariae, quibus mercem emere potes.

    (d) Nemo scit.

10. Cur Lea latrinas modernas malit?

    (a) Quia sordidiores sunt.

    (b) Quia mundiores sunt.

    (c) Quia eas lemures non habitant.

    (d) Nescimus.

11. Plurimae sunt _____ amoenae in Latio.

12. Et cum apud Ostia Tiberina essemus, mater _____.

13. HIC POSVIT CINERES GENETRIX _____ PROLIS.

14. Hi mercatores erant varii, variique erant dei, quibus _____.

15. Coperculum _____ in sedibus latrinae sculptum est.

16. Cur antiqui animalia varia in mosaicis depingebant? Responde Latine, sodes!

17. Placetne tibi reliquias archaeologicas inspicere et scrutari? Cur?

COLLOQUIUM DIFFICILE
LECTIO XXIX

Interim Novi Eboraci Marcus, Stephano duce, intellegit se suum iter suaque consilia cum Livia communicare debere. Ergo it ad ludum ubi Livia docet. In animo enim habet omnia Liviae plana facere. Livia cum discipula quadam colloquente Marcus conclave scholare intrat. Livia laeta eum salutat:

planum facere—
explicare, aperire,
enodare

LIVIA: Salve, Marce! Te non expectabam, sed admodum opportune advenisti.

opportune—bono et
recto tempore

MARCUS: Salve, Livia! Cur opportune adveni?

LIVIA: Mox explicabo. Satin' salve?

MARCUS: Meministine me in primo nostro conventu mecum librum Horatii habuisse?

LIVIA: Bene memini. Hac de causa Horatium legere incepi.

hac de causa— ergo, propter hoc

MARCUS: Et certe non oblita es me tibi dicere me in Italiam ire et villam Horatii visitare voluisse?

LIVIA: Semper gaudeo cum de rebus futuris cogitas et loqueris.

MARCUS: Sed quid sibi volunt 'res futurae'? Quomodo 'futurum' definire valemus? Nam est res volutabilis et quae aliis aliter esse videtur, nonne?

quid sibi volunt?— quid significant?

LIVIA: Quid dicis, Marce? Non intellego.

MARCUS: Verbi causa, hodiernus dies cras erat futurus, sicut hesternus dies quondam futurus erat. Et crastinus dies hodie est futurus, sed perendie iam erit praeteritus…

hodie, hodiernus
cras, crastinus
heri, hesternus
perendie—die post crastinum diem

LIVIA: Me valde confundis, Marce.

MARCUS: A prima descendit origine mundi, ut dicit Lucanus, causarum series et magna temporum consecutio…

LIVIA: Nondum intellego, Marce, sed te de rebus futuris cogitare gaudeo.

gaudeo—laetor, laetus sum

ain'—aisne, dicisne?,
re vera

MARCUS: Ain' vero?

animo concipere—
excogitare

LIVIA: Aio enimvero, nam animo concepi aliquid quod tibi proponere velim.

MARCUS: Quid id est?

LIVIA: Quomodo dicam? Unde incipiam? Sed ne longa neve multa sim, neve diutius te demorer… Tibi iam est

larem transfero—
me in alium locum
transfero ut illic
habitem

tempus, ut puto, larem transferre.

huc—ad hunc
locum

MARCUS: Mirabile! Hac ipsa de causa huc veni! Hac de re tecum colloqui volui!

LIVIA: Re vera? Laetor nos in hac re consentire! Nam

non est res nullius
momenti—est res
magni momenti

non est res nullius momenti, et omnia tam cito fiunt!

cito—celeriter,
subito

MARCUS: Et ego gaudeo te intellegere!

dies noctesque
(acc.)—interdiu et
noctu

LIVIA: Ego dies noctesque tantummodo de hac re cogito.

MARCUS: Ergo mihi non irasceris?

minime gentium!—
nullo prorsus
modo!

LIVIA: Irascor? Minime gentium! Immo velim ut tu larem transferas!

MARCUS: Et Stephanus me parum articulate loqui dicit…

parum—non satis

LIVIA: Quid dixisti?

MARCUS: Nihil, nihil…

LIVIA: Hodie contubernalem meam supellicem transferentem adiuvabo. Quidni postea ad tuam diaetam ad concelebrandum veniam?

supellex—ut mensa, lectus, etc.

MARCUS: Bene. Ego quidem sarcinas meas colligam. Hora vesperi circiter octava te expectabo.

colligere—in uno loco ponere

circiter (adv.)— circum (praep.)

O miseras hominum mentes, o pectora caeca! Livia misera putat Marcum secum habitaturum esse. Marcus miser putat Liviam favere suis inceptis. Quid fiet? Quid faciet Livia cum verum consilium Marci aperietur? Lege proximas lectiones et videbis!

pectus

caecus

favere—propenso animo esse

1. Cur it Marcus ad ludum ubi Livia docet?

   (a) ut ipse discipulos doceat

   (b) ut Stephanum adiuvet

   (c) ut mendacia de consiliis suis dicat

   (d) ut omnia Liviae plana faciat

2. Quid facit Livia cum intrat Marcus?

   (a) Discipulum improbum castigat.

   (b) Discipulam probam laudat.

   (c) Cum discipula colloquitur.

   (d) Silet.

3. Quomodo se habet Livia cum videt Marcum?

   (a) Irata est.

   (b) Fessa est.

   (c) Laeta est.

   (d) Tristis est.

4. Cuius librum habuit Marcus in primo conventu cum Livia?

   (a) Catulli

   (b) Horatii

   (c) Vergilii

   (d) Ovidii

5. Quid dicit Marcus de rebus futuris?

   (a) Aliquid

   (b) Multa

   (c) Nihil

   (d) Omnia haec tria

6. Intellegitne Livia quid Marcus communicare conetur?

   (a) Ita

   (b) Non

   (c) Nescimus

7. Intellegitne Marcus quid Livia proponat?

   (a) Ita

   (b) Non

   (c) Nescimus

8. Quota hora Livia ad diaetam Marci ibit?

   (a) 5:00

   (b) 6:00

   (c) 7:00

   (d) 8:00

9. Marcus putat Liviam suis inceptis...

   (a) Gratias agere.

   (b) Favere.

   (c) Larem transferre.

   (d) Consilium aperire.

10. "Lege proximas lectiones!" Modus hic vocatur...

    (a) Indicativus.

    (b) Coniunctivus.

    (c) Imperativus.

    (d) Infinitivus.

11. In _____ habet omnia Liviae plana facere.

12. Te non expectabam, sed admodum _____ advenisti.

13. Animo concepi aliquid quod tibi proponere

    _____.

14. Tibi iam est tempus

    _____

    transferre.

15. Semper gaudeo cum de rebus futuris

    _____ et loqueris.

16. Cur unus homo consilia vel propositum alterius non intellegit? Quomodo debemus omnia plana facere? Explica Latine, sodes!

17. Quid significat "larem transferre"? Cur res tam magni momenti est?

VERITAS
LECTIO XXX

Ad horam compositam— tempore constituto

Livia ad horam compositam ostium diaetae pulsat. Stephanus ostium aperit et Liviam salutat.

quaeso introeas— intra! quaeso ut introeas!

STEPHANUS: Salva sis, Livia! Quaeso introeas!

LIVIA: Mirum! Num Marcus omnes suas sarcinas iam

cunctari—haesitare, dubitare

collegit? Nihil cunctatur nec haesitat. Non lente festinat!

iam pridem—non nunc, non nuper, sed abhinc multum temporis

STEPHANUS: Sed ille iam pridem hoc consilium cepit.

LIVIA: Ad primum conspectum videtur adamasse!

STEPHANUS: Quid dicis? Numquam illic fuit…

commorari—versari, noctem non domi degere, sed in alieno loco

LIVIA: Quid dicis tu? Saepissime apud me commoratus est.

STEPHANUS: Scio, volebam dicere... Nonne ille tibi dixit?

Eo temporis puncto Marcus ex cubiculo exit multas res manibus tenens.

MARCUS: Quid ego dixi?

LIVIA: Aliquo iturus es, Marce?

iturus es—ibis

MARCUS: Ita…

LIVIA: Ad diaetam meam?

MARCUS: Ad diaetam tuam? Putabam fore ut hic pernoctemus…

pernoctare—noctem degere, dormire in aliquo loco

LIVIA: Aliter te rogabo. Cur sarcinas colligis?

MARCUS: Quia Romam iter facio.

LIVIA: Romam is? Et quamdiu Romae eris?

MARCUS: Tres menses.

LECTIO XXX

dissimulare—
fingere, celare

perfidus—
perfidiosus, infidelis

spera(vi)sti

proditor—qui fidem
violat et frangit, qui
promissa sua non
facit
mihi ignoscas—
quaeso ut mihi
ignoscas, ignosce
mihi!

verba dare—decipere,
falsa dicere, illudere

perduellis—proditor

LIVIA: Hoc dissimulare posse, perfide, sperasti?!

MARCUS: Nonne ego hodie tibi dixi me…

LIVIA: Nihil dixisti, proditor! Cur tantummodo nunc, cum cras me relinques, me certiorem facis?

MARCUS: Mihi ignoscas, Livia! Nolui te decipere nec verba tibi dare!

LIVIA: Haec omnia dolis et fallaciis fecisti, perduellis!

Livia in balneum currit et ostium post se claudit.

LECTIO XXX EXERCITIA

1. Ostium a Livia pulsatum quis aperit?
   - (a) Marcus
   - (b) Stephanus
   - (c) Corinna
   - (d) Nemo

2. Livia in diaetam intrante, quid agit Marcus?
   - (a) Cantat.
   - (b) Flet.
   - (c) Sarcinas colligit.
   - (d) Epistulam scribit.

3. Secundum opinionem Liviae, quod consilium cepit Marcus?
   - (a) Credit eum Romam abiturum esse.
   - (b) Putat eum secum habitaturum esse.
   - (c) Censet eum a vigilibus fugiturum esse.
   - (d) Opinatur eum cum Stephano mansurum.

4. Quamdiu Marcus Romae erit?
   - (a) Tres dies.
   - (b) Tres menses.
   - (c) Tres annos.
   - (d) Romae non erit.

5. Livia Marcum proditorem et perfidum vocat quia...
   - (a) Ille Romam iter faciet.
   - (b) Ea putat se ab eo deceptam esse.
   - (c) Marcus Liviam de itinere suo certiorem non fecit.
   - (d) B et C

6. Quid significant verba, quae sunt "verba tibi dare"?
   - (a) Tecum colloqui.
   - (b) Te decipere.
   - (c) Ad te scribere.
   - (d) Ad te clamare.

7. Ubi Livia se occludit?
   - (a) In culina.
   - (b) In balneo.
   - (c) In cubiculo Marci.
   - (d) In autocineto suo.

8. Nihil cunctatur nec haesitat. Non lente _____.

9. Ad primum conspectum videtur _____!

10. Aliquo _____ es, Marce?

11. Putabam ____ ut hic pernoctemus...

12. In Vergilii Aeneidis quarto libro Dido Aenean rogat, "Dissimulare etiam sperasti, perfide, tantum / posse nefas?" Cur Livia verbis Didonis utitur? Estne Marcus Aeneas alter? Estne illa altera Dido? Putasne eam apte Vergilium citare?

EXCLUSUS AMATOR
LECTIO XXXI

Marcus ante ostium balnei sedet. Livia in balneo inclusa ad alterum ostii latus sedet. Exclusus amator per ostium cum sua amica colloquitur et ei persuadere conatur ut ostium aperiat:

MARCUS: Mea lux, mea vita, mea suavissima et optatissima Livia, aperi ostium, obsecro te. Ego te toto pectore, toto animo, toto corpore amo. Ego sum amore captus et incensus. Tu es mel et deliciae meae. Nihil antiquius habeo quam ut te complectar. Ego inflammatus ardeo. Aperi ostium quam primum, ne hic et nunc moriar!

mel—quod apes faciunt

antiquius— melius

LIVIA: Hanc vesperam tecum in laetitia, nec in lite et rixa, degere optabam. Putabam stultissima nos concelebraturos esse.

MARCUS: Concelebremus igitur.

LIVIA: Quid concelebrabimus?

MARCUS: Nosmet ipsos, nostrum amorem…

LIVIA: Mene fugis, Marce? Nec te noster amor, nec te data dextra quondam, nec te meae lacrimae tenent?

dextra (manus) datur ut signum vel pignus fidei

MARCUS: Cotidie colloquemur!

LIVIA: Cotidie?

lacrimae

MARCUS: De omnibus rebus pulcherrimis quas videbo cotidie tecum colloquar.

LIVIA: Et ego tibi omnes res quas non videbo enarrabo.

Mihi desiderio (dat.) es—Ego te desidero

MARCUS: Quanto mihi desiderio sis, tibi cotidie profitebor.

zelotypus—qui amatori diffidit, qui amatorem suspicatur

LIVIA: Et quam zelotypa sim tibi significabo.

MARCUS: Toto itinere me magna expectatio tui tenebit.

te absente—dum tu abes

ferre—tolerare, pati

LIVIA: Et ego dies te absente vix ferre potero.

MARCUS: Sed Romam eo.

LIVIA: Procul a me is.

MARCUS: Sed Romae ero.

LIVIA: Sed hinc aberis.

hinc—ab hoc loco

MARCUS: In media historia Romana versabor.

LIVIA: Et ego in media diaeta vacua remanebo.

MARCUS: Aperias ostium, mea lux, obsecro te.

LIVIA: Aperire et volo et nolo, te odi, et amo. Quare id faciam fortasse requiris. Nescio, sed fieri sentio et excrucior.

excruciatur homo

MARCUS: Aperias igitur ostium, ne diutius excrucieris.

aperias—quaeso ut aperias, aperi

LIVIA: Nosne cotidie esse collocuturos polliceris?

polliceri—promittere, spondere

MARCUS: Polliceor, promitto, spondeo.

LIVIA: Tune polliceris te visitaturum esse omnes locos quos ego visitare velim?

loca sunt continuata, loci sunt disiuncti inter se (ut loci in libris, vel singula monumenta in urbe quadam)

MARCUS: Tantummodo eos locos.

LIVIA: Et me nec falles nec destitues?

MARCUS: Deus avertat!

Tandem Livia ostium aperit. Amans amantem complectitur et basiat.

LECTIO XXXI EXERCITIA

1. Ubi Marcus sedet?
   - (a) Ante ostium balnei.
   - (b) In balneo.
   - (c) Cum Livia.
   - (d) In cubiculo suo.

2. Ubi Livia sedet?
   - (a) Ante ostium balnei.
   - (b) In balneo.
   - (c) Cum Marco.
   - (d) In cubiculo suo.

3. Marcus Liviae persuadere conatur ut...
   - (a) Romam secum eat.
   - (b) Roma fugiat.
   - (c) Ostium aperiat.
   - (d) Ostiam petat.

4. Quomodo Livia vesperam degere optabat?
   - (a) In laetitia
   - (b) In lite
   - (c) In rixa
   - (d) B et C

5. Marcus promittit se...
   - (a) cotidie cum Livia collocuturum esse.
   - (b) longas epistulas ad Liviam scripturum esse.
   - (c) numquam ad Italiam iturum esse.
   - (d) numquam ab Italia rediturum esse.

6. Livia dicit, "Et quam zelotypa sim tibi significabo." Hoc est, illa significabit...
   - (a) quam felix sit
   - (b) quam infelix sit
   - (c) quantum odium habeat
   - (d) quantam invidiam habeat

7. Quem poetam citat Livia cum dicit, "Te odi et amo"?
   - (a) Catullum
   - (b) Horatium
   - (c) Vergilium
   - (d) Ovidium

8. Quid in fine fit?
   - (a) Livia in balneo manet.
   - (b) Livia ostium aperit.
   - (c) Livia Marcum pulsat.
   - (d) Livia fugit.

9. Exclusus amator per _____ cum sua amica colloquitur.

10. Nihil _____ habeo quam ut te complectar.

11. Aperi ostium quam primum, ne hic et nunc _____!

12. Nec te noster amor, nec te data dextra quondam, nec te meae _____ tenent?

13. Deus _____!

14. Credisne verbis Marci? Credisne Marcum mansurum esse Liviae fidelem? Si Livia esses, ostium aperires?

DE REBUS FUTURIS
LECTIO XXXII

lectulus

multae imagines rerum futurarum in capite volant

Marcus cras Romam it. In lectulo suo iacet, sed dormire non potest, quia multae imagines rerum futurarum in capite volant:

MARCUS: Tam magnum temporis spatium Romae ero! Non mentiar: sollicitus sum et res futuras vereor. Quid faciam? Quid Liviae dicam? Totum tempus mihi irata erit illa? Quotiens colloquemur? Novum amiculum me absente inveniet? Fidelis remanebit? Mene fallet? Sumne crudelis quod tantum temporis abero?

via

Novosne amicos in Italia inveniam? Sed quomodo novos amicos sine notitia linguae Italicae faciam? Quomodo cum aliis colloquar? Quomodo homines in viis intellegam? Et si in urbe tam magna mihi opus auxilio erit, quem hominem alloquar? Quis me intelleget et auxilium feret? Quid faciam si Italis non placebo? Quid faciam si vita Romana non placebit, si domum et amicos desiderabo, si post totam aestatem Italice loqui non potero? Eruntne alii qui Latine loquuntur? Inveniamne Latine loquentes qui mihi urbem monstrabunt? Villamne Horatii cum eis visitabo?

Sed fortasse dis iuvantibus etiam linguam Italicam discere potero. Fortasse non tam difficile erit quam nunc videtur. Mater artium necessitas, ut aiunt. Et fortasse Italos amabo, et me amabunt, et Roma placebit, et, quis scit, domum numquam redire volam. Et post iter meum ego et Latine et Italice loqui potero. Sed fortasse omnes mecum Anglice colloqui volent, et ob hanc causam mecum amicitiam colent, et ego gratiosissimus omnibus ero, sed Italice non discam.

Et si amicos desiderabo, si Liviam desiderabo, instrumentis telephonicis et interrete uti poterimus ut colloquamur tam saepe quam volemus.

procul dubio—sine dubio

MARCUS: Quas scholas habebo? Quibus rebus studebo? Procul dubio scholas Latinas habebo. Sed quid si pessimus discipulus ero? Facile est Italis Latine discere, nam lingua Latina simillima linguae Italicae est. Mene ridebunt omnes? Certe fieri potest. Sed fortasse omnes discipuli Americani erunt... Quis scit?

Fortasse etiam quaedam femina mecum amicitiam colet, et me in studio linguae Italicae et Latinae adiuvabit, et mihi urbem Romam ostendet, et me ad cenam invitabit, et ad tabernam in media urbe una ibimus, et placentam Neapolitanam edemus et vinum bibemus. Et per vias urbis errabimus, et fortasse…

obdormiscere— dormire incipere

Post breve temporis spatium Marcus tandem obdormescit. Quamquam Marcus modo Liviae promisit se eam non falsurum neque destituturum esse, iam de novis feminis somniat. Quam crudelis et perfidus est ille!

1. **Ubi iacet Marcus?**
   - (a) Ante ostium balnei.
   - (b) In balneo.
   - (c) In culina.
   - (d) In cubiculo suo.

2. **Quid Marco impedimento est quominus dormire possit?**
   - (a) Tenebris terretur.
   - (b) Fessus non est.
   - (c) De rebus praeteritis cogitat.
   - (d) De rebus futuris cogitat.

3. **Marcus res futuras non timet.**
   - (a) Verum
   - (b) Falsum
   - (c) Nescimus

4. **De qua re Marcus sollicitus non est?**
   - (a) De suo cum Livia nexu
   - (b) De sua linguae Italicae ignorantia
   - (c) De amicis inveniendis
   - (d) De omnibus his rebus sollicitus est.

5. **Quid significat proverbium "Mater artium necessitas"?**
   - (a) Matres et artes sunt necessariae.
   - (b) Origo artium est necessaria.
   - (c) Necesse est nobis originem artium invenire.
   - (d) Necessitas nos creare et invenire facit.

6. **Quid Marcum consolatur?**
   - (a) Spes amicos inveniendi
   - (b) Spes linguae Italicae discendae
   - (c) Spes cum Livia colloquendi
   - (d) Omnia haec tria

7. **Marcus veretur ne pessimus discipulus sit.**
   - (a) Verum
   - (b) Falsum
   - (c) Nescimus

8. **Quid videt Marcus antequam obdomescit?**
   - (a) Septem colles Romanos
   - (b) Faciem Liviae
   - (c) Somnium alterius feminae
   - (d) Imaginem Colossei

9. Non novum amiculum me
   _____ inveniet?

10. Si in urbe tam magna mihi
    opus _____ erit, quem
    hominem alloquar?

11. Si Liviam desiderabo,
    instrumentis telephonicis
    et _____ uti poterimus.

12. Facile est Italis Latine
    discere, nam lingua Latina
    _____ linguae Italicae est.

13. Antequam obdormescis,
    quid facis? De quibus
    rebus cogitas?

ANTE ITER
LECTIO XXXIII

Marcus hodie Romam it. Quomodo ibit? Volabit. Hodiernis temporibus homines in aeroplanis volare possunt. Romani autem antiqui volare non poterant, sed tales res modo in somniis videbant. Quomodo Romani ex uno loco ad alium locum ire solebant? Maior pars hominum vel ambulare vel currere solebant. Homines autem qui magnam pecuniam habebant neque ambulare neque currere solebant, sed servi eos in lecticis vehere solebant. Si necesse erat magnum iter facere, in navibus vel in equis vehi poterant.

Hodie autem multa alia vehicula habemus. Exempli gratia, in multis familiis Americanis est autocinetum. Autocinetis Americani saepissime uti solent, quia terra

lectica

navis

equus

autocinetum

macellum

pantopolium

umbilicus, in umbilico urbis—in media urbe

est maxima, et saepe tabernae et macella et pantopolia et alia loca necessaria (ut medici et argentariae et alia) longe a domibus distant. In Europa autem multi sunt qui autocinetis non utuntur, quoniam facilius est pedibus ire ad macellum et ad alia loca. Cur hoc ita est? Ita est quod plerumque urbes Europae sunt densiores et populosiores quam urbes Americae, et plures homines in umbilicis urbanis habitant in Europa quam in America. Exempli gratia, Lutetiae et Athenis sunt viginti milia hominum per chiliometrum quadratum, sed Novi Eboraci, quae est urbs Americana longe densissima, sunt tantum decem milia hominum per chiliometrum quadratum.

tramen

subterraneus— sub terra

In urbibus Europaeis, et si pedibus ire non possunt, semper licet vehiculis publicis uti. In multis urbibus Europaeis sunt plura vehicula publica quibus homines uti possunt, exempli gratia, tramina et leophoria (i.e., raedae publicae longae). Sunt multa genera traminum, ut tramina quae inter varias urbes eunt, vel tramina quae subterranea dicuntur, vel tramina quae in ipsis viis urbium una cum autocinetis et leophoriis vi electrica aguntur.

Si necesse est longissimum iter facere, hodie in aeroplanis volare solemus. Marcus Novo Eboraco Romam volabit. In aeroplano iter Novo Eboraco Romam octo vel novem horarum est. In nave est iter quinque vel sex vel plurium dierum. Multo ergo celerius movetur aeroplanum quam navis.

Heri Marcus omnia in sarcinis posuit. Quid fert Marcus Romam in sarcinis? In sarcinis praesertim libros et vestimenta secum fert. Sarcinae locantur in infera parte aeroplani, sed vectoribus licet sarcinas minores secum in ipso aeroplano ferre. Marcus libros, instrumentum telephonicum, tabulam (quae iPad vocatur) secum habet. Dum volat, librum legere vel pelliculam in tabula spectare velit.

LECTIO XXXIII EXERCITIA

1. **Quomodo Marcus Romam iter faciet?**

   (a) Ambulabit.

   (b) Equitabit.

   (c) In nave vehetur.

   (d) Volabit.

2. **Quomodo Romani itinerari non solebant?**

   (a) Ambulabant.

   (b) Equitabant.

   (c) In nave vehebantur.

   (d) Volabant.

3. **Cur Americani tam saepe huc illuc autocinetis vehuntur?**

   (a) Urbes Americanae sunt densissimae et populosissimae.

   (b) Loca necessaria longe a domibus distant.

   (c) Terra est parva.

   (d) Nescimus.

4. **Quantum ad populum attinet, quae urbs non est tam densa quam aliae?**

   (a) Lutetia

   (b) Athenae

   (c) Novum Eboracum

   (d) Hae urbes densae non sunt.

5. **In urbibus Europaeis, si pedibus ire non licet, quomodo vehuntur homines?**

   (a) Equis

   (b) Traminibus

   (c) Raedis publicis longis

   (d) B et C

6. **Si volas, iter Novo Eboraco Romam est...?**

   (a) Quinque horarum

   (b) Octo horarum

   (c) Quinque dierum

   (d) Octo dierum

7. **Quid movetur celerrime?**

   (a) Equus

   (b) Tramen

   (c) Navis

   (d) Aeroplanum

8. **Quid secum in ipso aeroplano fert Marcus?**

   (a) Vestimenta

   (b) Instrumentum telephonicum

   (c) Omnia

   (d) Nihil

9. Divites Romani neque ambulare neque currere solebant, sed in _____ vehi solebant.

10. In Europa multi sunt qui _____ non utuntur.

11. Plures homines in _____ urbanis habitant in Europa quam in America.

12. Multo _____ movetur aeroplanum quam navis.

13. Si pedibus ire non licet, quo vehiculo maxime tibi placet uti? Cur? Explica Latine, sodes!

━━━━━━━━━━━━━━━━━━━━━━━━━━━

VALE!
LECTIO XXXIV

Stephanus Marcum autocineto ad aeroportum vehit, et Livia eos comitatur; nam Marco valedicere velit. Quid est aeroportus? Aeroportus est portus aeroplanis destinatus. Portus est locus unde naves facile proficisci, et quo facile advenire, et ubi facile ancoris iactis stare possunt. Romani multos portus habebant, sed nullos aeroportus. Aeroportus est exemplum vocabuli quod *et arbores et* Romani non habebant sed nihilominus ex radicibus *vocabula radices* Latinis componitur. Si Romani hodie viverent, talia verba *habent* sine magnis difficultatibus intellegerent.

Dum Stephanus raedam moderatur, Marcus et Livia post eum colloquuntur. Ecce eorum colloquium:

LIVIA: Indicem omnium locorum lustrandorum tibi composui. Numquam Romae versata sum, sed in rete universali inveni omnia quae visu sunt digna.

MARCUS: Gratias.

LIVIA: Primum omnium, ut dicunt, oportet ire ad colosseum…

MARCUS: Visne dicere amphiteatrum Flavianum?

LIVIA: Tace, Marce. Deinde cura ut visites Fontanam Trebii.

MARCUS: Ut nummum immittam?

LIVIA: Quid dicis?

MARCUS: Dicunt nummum inici in Fontanam Trebii oportere si Romam redire velis.

LIVIA: Hoc nihil ad nos pertinet. Deinde ad Pantheum ire debes.

MARCUS: Et fortasse etiam civitatem Vaticanam praetervehar, si tempus suppeditabit.

LIVIA: Procul dubio: hoc est quod in indice sequitur. Et

lustrare—vagari et examinare

rete universale—rete omnium gentium, 'interrete'

Colosseum — Amphiteatrum Flavianum

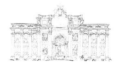

Fontana Trebii

nummi

papa

oppidum

quamquam scio valde difficile futurum esse, fac coneris papam visitare.

MARCUS: Conabor. Et mihi propositum est iter Digentiam facere.

LIVIA: Ubinam gentium est Digentia? Mihi est omnino ignotum hoc oppidum.

MARCUS: Ignota tibi est Digentia? Digentiae habebat Horatius villam suam, ubi carmina sua pulcherrima scripsit. Ego videre velim ubi tantus poeta habitaverit. Mihi in animo est carmina legere in eo loco quo carmina ipsa scripta sunt.

LIVIA: Bene, fortasse poteris iter Digentiam facere, si data erit occasio. Sed quod est multo maioris momenti: Venetiis cymbula quae Gondola dicitur vehi debes.

MARCUS: Sed hic non erat mos Romanorum, neque ego Venetiis ero, ut puto.

LIVIA: Tace, Marce! Nihil intellegis.

MARCUS: Bene, Venetias ibo et cymbulam conducam.

Livia et Marcus tacent. Deinde:

LIVIA: Te desiderabo.

MARCUS: Et ego te…

Hoc temporis momento raeda constitit.

STEPHANUS: Iam pervenimus!

Marcus de raeda descendit, sed obliviscitur aliquid in sella. Sine cura sitis, carissimi lectores! Nam Livia eum vocat:

LIVIA: Marce! Oblitus es indicem tuum!

MARCUS: Gratias, mea Livia. Colloquemur statim, cum pervenero.

LIVIA: Polliceris?

MARCUS: Polliceor et spondeo.

Sequuntur basia multa multique complexus et sine fine blandimenta.

*raeda—
autocinetum*

lectores

*obliviscor +acc. et
+gen.*

*basia multa
multique complexus*

*blandimenta—verba
bona et blanda quae
amatores dicere
solent*

LECTIO XXXIV EXERCITIA

1. **De aeroportu quid non est verum?**

   (a) Est portus aeroplanis destinatus.

   (b) Romanis antiquis non erat notus.

   (c) Vocabulum 'aeroportus' ex radicibus Graecis componitur.

   (d) Si Romani hodie viverent, intellegerent vocabulum 'aeroportus' sine magna difficultate.

2. **Cur Livia Marcum ad aeroportum comitatur?**

   (a) Illa quoque Romam iter facit.

   (b) Vult Marco valedicere.

   (c) Placet ei autocinetis vehi.

   (d) Nescimus.

3. **Quid Marco composuit Livia?**

   (a) Epistulam amatoriam.

   (b) Carmina.

   (c) Indicem locorum visitandorum.

   (d) Nihil.

4. **Quomodo scit Livia loca urbis Romanae visu dignissima?**

   (a) Saepe Romam visitavit.

   (b) Haec loca invenit in rete universali.

   (c) Quoniam magistra est linguae Latinae, multum de urbe Romana scit.

   (d) B et C

5. **Nummum inici in Fontanam Trebii oportet si numquam iterum Romam redire velis.**

   (a) Verum.

   (b) Falsum.

   (c) Nescimus.

6. **Livia Marcum hortatur ut papam visitet in...**

   (a) Colosseo.

   (b) Fontana Trebii.

   (c) Pantheo.

   (d) civitate Vaticana.

7. **Digentiae Marcus vult videre villam...**

   (a) Catulli.

   (b) Horatii.

   (c) Vergilii.

   (d) Ovidii.

8. Quid Marcus obliviscitur in sella?

    (a) Instrumentum telephonicum.

    (b) Librum Latinum.

    (c) Indicem.

    (d) Liviam.

9. Dum Stephanus raedam _____, Marcus et Livia post eum colloquuntur.

10. Deinde cura ut _____ Fontanam Trebii.

11. Fortasse etiam civitatem Vaticanam praetervehar, si tempus _____.

12. Colloquemur statim, cum _____.

13. Quam terram praecipue velis visitare? Quid ibi videre cupis? Explica Latine, sodes!

AD ITALIAM
LECTIO XXXV

promere—extrahere

mandare—in manus alicuius dare

operiri—expectare

merenda—cibus qui consumitur post meridiem inter prandium et cenam

insulsus—stultus, stupidus

in viam se dare— proficisci

Livia plura dicere volente Marcus sarcinas ex autocineto promit et in aeroportum intrat. Postquam sarcinas mandat, a custodibus aeroportus inspicitur et sine magnis difficultatibus exitum invenit unde aeroplanum mox ad Italiam proficiscetur. Marcus operiri debet: post unam horam in aeroplanum inscendere poterit. Quid facit dum operitur? Librum legere conatur, neque potest; deinde merendam emit, ut habeat quod in aeroplano edat; deinde pelliculas insulsas et inutiles in rete spectat.

Post intervallum quod omnibus et praesertim Marco longissimum esse videbatur, tandem aliquando auditur nuntius qui nuntiat omnia parata esse. Omnes in ordine disponuntur et in aeronavem maximam intrant, et post omnia necessaria facta tandem in viam ad Italiam se dant.

In aeroplano Marcus dormire conatur, sed non potest.
Ergo aliquid in televisorio quod ante sedem eius pendet
spectare conatur, sed verba programmatis vix cernere
potest; ita expectatione omnium rerum quae futurae
sunt cruciatur et torquetur. Post aeternitatem (quae
videtur) chartam geographicam in televisorio inspicit, et
aeronavem supra oceanum Atlanticum navigare videt.
Post sex horas in Italia erit.

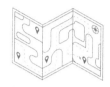

charta geographica

Post longissimum iter tandem aliquando aeroplanum
in terram delabitur. Marcus vix credere potest se Romae
esse. Cum difficultate suas sarcinas invenit, nam omnia
in aeroportu Italice scripta et indicata sunt. Deinde
ex aeroportu exit et taxiraedam conducit. Raedarius
Anglice non loquitur, neque Marcus Italice, ergo Marcus
ei chartam ostendit in qua scripta est via ubi diaeta
amici sita est. Raedarius Marcum ad mediam urbem
vehit, gubernatore globali in telephono utens. Post
iter unius horae autocinetum urbi appropinquat. Ex
fenestris autocineti Marcus videt tabernas, et macella,
et cauponas, et thermopolia, et multos homines in
variis negotiis versantes. Omnia Italice scripta sunt,
et per radiophonum musica Italica auditur. Marcus

*raedarius—qui
homines raeda vehit*

*charta—papyrus,
pagina*

*gubernator
globalis est charta
geographica in
telephono quae
semper scit ubi sis et
quo eas*

fenestra autocineti

pauca intellegit (nam in lingua Italica sunt multa vocabula simillima vocabulis Latinis), sed nihilominus credit post breve tempus in Italia fore ut omnia intellegere possit.

Raeda constitit et raedarius Italice Marco dicit: "Ecco il tuo edificio." Marcus autem audit verba Latina, "*Ecce tuum aedificium,*" et miratur homines adhuc Latine in viis Romae loqui. Marcus ei pecunia dat, et ille, "Grazie mille inquit."

Marcus respondet, "Et gratias mille tibi ago, bone vir."

Et quamquam non intellegit, ridet raedarius et velociter avehitur. Marcus aedificio magno appropinquat, et se interrogat,

quo in tabulato est diaeta?

coniecturam facere—coniectare

MARCUS: (sibi dicit) Quo in tabulato est diaeta mea nova? Chartam inspicit et eam in quarto tabulato sitam esse videt. Coniecturam facio in aedificio meo anabathrum esse quo commodius et expeditius sursum deorsum vehi possim.

anabathrum

Sed (proh dolor!) intellegit se errare et anabathrum non esse. Marcus sarcinas sumit et scalas ascendens magna cum difficultate eas ad quartum tabulatum fert vel potius trahit.

1. **Quid agit Livia dum Marcus sarcinas ex autocineto promit?**
   - (a) Lacrimatur.
   - (b) Volat.
   - (c) Discedit.
   - (d) Cupit plura dicere.

2. **Quantum temporis debet operiri Marcus?**
   - (a) Semihoram.
   - (b) Unam horam.
   - (c) Duas horas.
   - (d) Tres horas.

3. **Quid facere conatur dum operitur?**
   - (a) Librum legere.
   - (b) Edere.
   - (c) Bibere.
   - (d) Nihil facit.

4. **Marco expectanti videtur tempus celeriter praeterlabi.**
   - (a) Verum.
   - (b) Falsum.
   - (c) Nescimus.

5. **Marcus, quoniam dormire non potest, ...**
   - (a) aliquid in televisorio spectare conatur.
   - (b) expectatione rerum futurarum cruciatur.
   - (c) chartam geographicam in televisorio inspicit.
   - (d) Omnia haec tria.

6. **Omnia in aeroportu scripta sunt...**
   - (a) Anglice.
   - (b) Italice.
   - (c) Latine.
   - (d) Graece.

7. **Quo utitur raedarius ut diaetam Marci inveniat?**
   - (a) Charta geographica.
   - (b) Gubernatore globali.
   - (c) Nihilo.
   - (d) Diaetam Marci invenire non potest.

8. **Quo in tabulato est diaeta Marci?**
   - (a) 1
   - (b) 2
   - (c) 3
   - (d) 4

9. Post longissimum iter
_____ aeroplanum in
terram delabitur.

10. Ex aeroportu exit et _____
conducit.

11. Per _____ musica Italica
auditur.

12. Coniecturam facio in
aedificio meo _____
esse quo commodius et
expeditius _____ vehi
possim.

13. Ubi raedarius Italice
loquitur, Marcus credit
eum Latine loqui. Quam
ob rem? Explica Latine,
sodes!

VITA NOVA
LECTIO XXXVI

Robertus, amicus Marci, ostium diaetae aperit.

ROBERTUS: Marce! Longissima via ex America confecta tandem ad nos advenisti!

MARCUS: Illum ablativum absolutum diu praeparabas?

ROBERTUS: Semper iocaris, amice. Longum itineris spatium emensus es. Spero omnia bene cessisse et te nullas difficultates habuisse.

iocari—ioca dicere
emetiri—mensuram facere

MARCUS: Omnia bene cesserunt, gratias, sed quid mihi non dixisti non esse anabathrum in aedificio tuo? Sed rem missam faciamus.

ROBERTUS: Quomodo te habes?

MARCUS: Fame paene pereo, siti crucior, et somnum oculis meis iam plus quam viginti quattuor horas non vidi.

famem furcillis depellimus

epulae

ROBERTUS: Optime, intra, veni huc, et famem sitimque cibo et potione depelle. Nam mensae nostrae iam sunt exquisitissimis epulis instructae. Post talem cenam somnus te complectetur artissimus quo ne tormenta quidem et bombardae te excitare valebunt.

condimentum—
quod cibo additur ut
melius sapiat, ut sal
et alia aromata

MARCUS: Gratias, amice, omnia videntur suavissima. Fames, ut aiunt, optimum cibi condimentum.

mensa magnifice
exstructa—sunt
multi cibi in mensa

Marcus intrat in culinam, ubi videt mensam magnifice exstructam et convivium splendide ornatum. Duae feminae ad mensam sedent. Inter cenandum omnes colloquuntur.

ROBERTUS: Marce, Corinna et Lea hac aestate Romae operam linguae Latinae dant et optime Latine loquuntur. Amicae, Marcus sodalis Neo-Eboracensis est qui aestatem Romae deget.

nasci—hic, incipere,
initium facere

CORINNA: Et quomodo amicitia vestra est nata?

MARCUS: Robertus vicinus meus fuit, et una linguae Latinae in lycaeo studebamus.

LEA: Nuncine primum Romae commoraris?

MARCUS: Abhinc tantum duas horas primum urbem

aeternam salutavi. Aliter ut dicam, ita, hoc est primum iter quod Romam facio.

CORINNA: Et quid velis hic facere?

MARCUS: Iam indicem rerum omnium faciendarum habeo.

index rerum faciendarum— index rerum quae facere debeo

ROBERTUS: Indicemne composuisti? Aut ego meum Marcum non novi, aut ipse mei oblitus sum…

MARCUS: Quid dicis?

ROBERTUS: Aperte agam: quando indices componere incepisti?

MARCUS: Amasia mea mihi composuit. Est magnus index omnium rerum Romae agendarum.

index rerum agendarum—index rerum quae agi debent

LEA: Ergo illa saepe Romae commoratur?

MARCUS: Immo numquam huc venit.

ROBERTUS: Ergo nulla certa habes consilia nisi capta ab homine tam urbis ignaro quam tu?

homo urbis ignarus—homo qui urbem ignorat, qui de urbe nescit

MARCUS: Plus minusve hoc dicere potes…

ROBERTUS: Ecce Marcus meus quem novi!

LECTIO XXXVI EXERCITIA

1. Quis ostium aperit?

   (a) Lea

   (b) Livia

   (c) Corinna

   (d) Robertus

2. "Longissima via ex America confecta tandem ad nos advenisti!" Quo casu est "confecta"?

   (a) Nominativo

   (b) Dativo

   (c) Ablativo

   (d) Vocativo

3. Post longum iter quomodo se habet Marcus?

   (a) Fame paene confectus est.

   (b) Siti cruciatus est.

   (c) Plusquam fessus est.

   (d) Omnia haec tria.

4. "...quo ne tormenta quidem et bombardae te excitare valebunt." Quomodo aliter dici potest "valebunt"?

   (a) cupiunt

   (b) cupient

   (c) possunt

   (d) poterunt

5. Corinna et Lea Romae linguae Latinae student.

   (a) Verum.

   (b) Falsum.

   (c) Nescimus.

6. Quomodo Marcus et Robertus facti sunt amici?

   (a) Vicini erant.

   (b) Discipuli in eodem lycaeo erant.

   (c) Ambo linguae Latinae studebant.

   (d) Omnia haec tria.

7. "Aut ego meum Marcum non novi, aut ipse mei oblitus sum..." Quo casu est "mei"?

   (a) Nominativo

   (b) Genitivo

   (c) Accusativo

   (d) Ablativo

8. Marcus dicit amasiam suam indicem sibi composuisse. Quis est amasia eius?

   (a) Lea

   (b) Livia

   (c) Corinna

   (d) Robertus

9. Longum itineris spatium _____ es.

10. Mensae nostrae iam sunt exquisitissimis _____ instructae.

11. Fames, ut aiunt, optimum cibi _____.

12. Abhinc tantum duas horas primum urbem aeternam

_____.

13. Robertus Marcum vituperans rogat, "Ergo nulla certa habes consilia nisi capta ab homine tam urbis ignaro quam tu?" De verbis Roberti quid sentis? Putasne Liviam re vera esse urbis ignaram? Explica Latine, sodes!

PRIMA NOX
LECTIO XXXVII

delectabile—quod
delectat

epulum—epulae,
magni cibi

sine mora—statim

dormitum (sup.)
ire—ad lectum ire

Post delectabilem cenam (immo epulum!) omnes dicunt se contentissimos esse, et laetissimi et satis pleni sine mora dormitum eunt et obdormiscunt.

luna

stellae micant

Postridie Marcus bene mane expergiscitur. Spectat per fenestram sui cubiculi et videt lunam adhuc in caelo tenebroso lucere, et stellas adhuc micare, et solem nondum splendere. Nullas voces et nullos sonos in viis audit, quamquam fenestrae apertae sunt. Spectat ad horologium et videt esse secundam horam ante meridiem.

Oculos iterum claudit et obdormiscere conatur, sed somnus eum iam non tenet. Immo et mens et corpus eius vigilant. Marco in animo erat continuo surgere e lecto, vestimenta induere, ex foribus aedificii excurrere, et novam urbem funditus investigare et scrutari. Sed bene intellegit se hoc nullo modo facere posse.

Itaque in lectulo suo manet et sub stragulis iacet. Variae imagines per mentem volant, et multa quasi in somniis videt, quamquam non dormit. Nam mente fingit se per vias urbis aeternae una cum doctissima Itala deambulare, et illam sibi omnia monumenta antiqua et recentiora ostendere, et totam historiam urbis sibi narrare, et, post longissimum per totam urbem iter, se cum ea ad tabernam quietam et seclusam ad cenandum ire, et post cenam se deambulationem per vias iam paene vacuas pergere, et illam ante ipsam fontanam Trebii se osculari...

Iterum Marcus de aliis feminis somniat! Iamne oblitus est suorum promissorum? Quid de Livia? Marcus certe est nebulo et furcifer.

Tinnit horologium, et tinnitus Marcum e somno levi excitat. Est hora septima. Ut videtur, paulo ante lucem obdormiscere incipiebat. E lecto surgit, et intellegit se iam multo fessiorem esse quam secunda hora erat.

fores

funditus—inde a fundo

investigare— scrutari—rimari

stragulae

mente fingere— imaginari

tinnit horologium

animus aestuat—
animus exagitatur,
turbatur

Nihilominus animus eius spe et expectatione necnon

dubitatione aestuat.

E cubiculo suo exit et in culinam intrat, ubi videt

amicos qui omnes eum expectant. Corinna eum salutat.

CORINNA: Bene dormivisti, Marce?

MARCUS: Ut vera dicam, satis male dormivi. Iam

usque ab hora secunda vigilo.

CORINNA: Hoc semper post longissimum iter fit. Nam

naturale horologium in tuo corpore est valde confusum.

Est nox, sed mens et corpus putant diem esse, est dies,

sed menti et corpori nox esse videtur. Sed post aliquot

dies vel unam hebdomadem iusto tempore et dormire et

vigilare adsuesces. Eamus et videamus urbem aeternam!

1. Verbum, quod est "dormitum," est...

   (a) Nomen substantivum.

   (b) Adverbium.

   (c) Participium.

   (d) Supinum.

2. Quota hora expergiscitur Marcus?

   (a) 2:00

   (b) 5:00

   (c) 7:00

   (d) 8:00

3. Cur tam mature expergiscitur?

   (a) Multas horas in aeroplano dormivit.

   (b) Lectus ad dormiendum non est aptus.

   (c) Naturale horologium in corpore eius est confusum.

   (d) Omnia haec tria

4. Cum Marcus iterum obdormiscere non potest, quid ei in animo est facere?

   (a) Surgere e lecto.

   (b) Vestimenta induere.

   (c) Romam investigare.

   (d) Omnia haec tria

5. De quibus rebus cogitat Marcus dum sub stragulis iacet?

   (a) De Itala doctissima

   (b) De itinere urbano

   (c) De osculis

   (d) Omnia haec tria

6. Cogitatne Marcus de Livia?

   (a) Ita

   (b) Non

   (c) Nescimus

7. Cum iterum expergiscitur Marcus, quota hora est?

   (a) 2:00

   (b) 5:00

   (c) 7:00

   (d) 8:00

8. Quis explicat naturale horologium in corpore Marci esse valde confusum?

   (a) Corinna

   (b) Lea

   (c) Robertus

   (d) Nemo

vigilare _____.

9. Postridie Marcus _____ expergiscitur.

10. Iamne oblitus est suorum _____?

11. _____ Marcum e somno levi excitat.

12. Post aliquot dies vel unam hebdomadem iusto tempore et dormire et

13. Esne tu umquam expertus/a post longissimum iter quod Corinna describit? "Est nox, sed mens et corpus putant diem esse, est dies, sed menti et corpori nox esse videtur." Quomodo te habebas? Quid faciebas? Describe Latine, sodes!

DE MORIBUS ITALORUM
LECTIO XXXVIII

Quinque minutis post ex aedificio omnes exeunt. Est dies calidissimus, ut Romae mense Augusto dies esse solent. Sol fulget, et homini necesse est per totum diem multum bibere, ne penuria aquae in corpore fiat. Urbs expergiscitur, viae hominibus festinantibus gradatim implentur, strepitus ex autocinetis semper crescit. Tabernam parvam in altero viae latere conspiciunt; transgressi ergo viam in tabernam intrant. Sunt tres Itali qui ante mensam stant et caffeam bibunt. Corinna explicat Italos ientaculum minimum sumere solere, quod saepe solum ex poculo caffeae, et pane corniculato, et sigarello constat, et quod, si in taberna ientaculum sumunt, stantes ad mensam comedere solent.

Corinna petit quattuor panes corniculatos et quattuor

quinque minutis post—post quinque minutas

penuria aquae, i.e., non satis aquae

expergisci— moveri incipere

gradatim—paulatim, pedetemptim

panis corniculatus

ientare— ientaculum sumere

lac spumosum

*spatiari—errare,
deambulare,
vagari*

statua

*praesagire—
praesentire,
augurari*

*vitam meam
hac urbe valde
mutatum iri—hanc
urbem meam
vitam mutaturam
esse*

*erudire—docere,
praecipere,
instituere, educare*

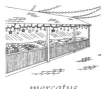

mercatus

pocula caffeae cum lacte spumoso et calido. Mox, post ientaculum sumptum, amici in Campo Florum spatiantur.

ROBERTUS: Quam odorata, quam pulchra est Roma! Et quam pulchrae sunt hic statuae!

CORINNA: Ita est ut dicis, Roberte.

ROBERTUS: Sit gratia linguae Latinae et huic itineri! Iam praesagit mihi animus vitam meam hac urbe valde mutatum iri!

CORINNA: Video saltem tuam notitiam grammaticae mutatam esse. Nam recte usus es infinitivo passivo temporis futuri, quae forma est in lingua Latina omnium rarissima.

ROBERTUS: Recte dicis: Iam sentio me erudiri et ad humanum cultum civilemque deduci! Sed ubinam gentium sumus?

CORINNA: Iam sumus in Campo Florum, qui est unus ex vetustissimis mercatibus.

ROBERTUS: Et cuius est statua haec?

CORINNA: Hic videmus Iordanum Brunum Nolanum,

qui hoc ipso loco abhinc quadringentos annos iussu Ecclesiae Catholicae in rogum ascendit et crematus est, quippe qui theoriam heliocentricam Copernici defendit et universum infinitum esse professus est in quo infinitus est numerus stellarum circum quas volvuntur innumeri planetae habitabiles sicut noster orbis terrarum. Mene audis, Roberte?

rogus

planetae innumeri

ROBERTUS: Ut vera tibi confitear, Corinna, citharistam sub statua ludentem auscultabam...

Hoc ipso momento temporis Iacobus, oculis in telephono fixis, praeterit et umero Corinnam impingit.

oculis in telephono fixis

impingere— pulsare, infligere, illidere

CORINNA: Mihi ignosce!

IACOBUS: Sine cura sis, tibi ignosco.

sine cura sis— tranquillo et sereno animo es

CORINNA: Gratias tibi, Iacobe.

IACOBUS: Ah, salve, Corinna! Te non vidi.

CORINNA: Aliud cura. Quid hic facis?

aliud cura—sine cura sis, tranquillo animo es

IACOBUS: Vias Romae lustro ut Circum Maximum inveniam. Tabula geographica in sophophono utebar, sed iam ad rete nullo modo accedere possum.

lustrare—vagari et scrutari

nugari—nugas dicere, res ineptas dicere

i.e., neologismus habet odorem et saporem latinitatis

CORINNA: Sophophonum? Quidnam nugaris?

IACOBUS: Est neologismus cuius ego sum inventor! Radicibus Graecis utens et ad vocabulum 'telephonum' ut exemplar spectans, verbum Anglicum quod est 'smart phone' in sermonem Latinum converti. Quid dicis?

CORINNA: Nunc ut puto, fortasse iste neologismus Graecus Latinitatem satis redolet…

IACOBUS: Omnino non intellego quonam modo Romani hic vivant! Nusquam ad rete accedi potest!

nusquam—nullo in loco

CORINNA: Hanc artem sine reti vivendi multa iam saecula Romani experti sunt. Sed, nisi fallor, Circus Maximus a nobis satis multum distat.

IACOBUS: Manedum! Tabula geographica tandem aliquando depromi videtur…

CORINNA: Totam urbem transgredi debemus. Eamus, te comitabimur. Me duce tibi opus non erit isto sophophono…

me duce— si ego dux sum

opus est +abl.

IACOBUS: Tibi fido, sed nihilominus tabula urbis utamur, ne nos ad alium quemdam circum ducas. Nam plures circos Romae esse audivi quam McDonald's Novi Eboraci.

LECTIO XXXVIII EXERCITIA

1. Caelum Romae mense Augusto frigidum esse solet.
   - (a) Verum.
   - (b) Falsum.
   - (c) Nescimus.

2. Ientaculum, quod Itali sumunt, solet constare ex...
   - (a) Poculo caffeae
   - (b) Pane corniculato
   - (c) Sigarello
   - (d) Omnia haec tria

3. Quomodo Itali ientare solent?
   - (a) Stantes
   - (b) Sedentes
   - (c) Ambulantes
   - (d) Currentes

4. Post ientaculum spatiantur amici in...
   - (a) Circo Maximo
   - (b) Campo Florum
   - (c) Foro Romano
   - (d) Monte Capitolino

5. Corinna Robertum laudat ob notitiam...
   - (a) Linguae Italicae
   - (b) Historiae
   - (c) Artis photographicae
   - (d) Artis grammaticae

6. De Iordano Bruno quid non est verum?
   - (a) Theoriam heliocentricam Copernici defendit.
   - (b) Crematus est in Campo Florum.
   - (c) Condemnatus est iussu Ecclesiae Catholicae.
   - (d) Omnia haec tria.

7. Quis incidit in Corinnam in Campo Florum?
   - (a) Lea
   - (b) Livia
   - (c) Marcus
   - (d) Iacobus

8. De verbo, quod est "sophophonum," quid est verum?
   - (a) Ex radicibus Latinis componitur.
   - (b) Vocabulum est ab Iacobo inventum.
   - (c) Romae munere suo semper fungitur.
   - (d) Omnia haec tria.

9. Homini necesse est per totum diem multum bibere, ne _____ aquae in corpore fiat.

10. Iam praesagit mihi animus vitam meam hac urbe valde _____!

11. Ut vera tibi _____, Corinna, citharistam sub statua ludentem auscultabam...

12. Fortasse iste _____ Graecus Latinitatem satis redolet...

13. De Iordano Bruno quid scis? Estne tibi notus alter vir magno ingenio praeditus, qui etiam theoriam heliocentricam defendit et Romae condemnatus est? Narra Latine, sodes!

MORS CAESARIS
LECTIO XXXIX

Marcus, Corinna, et alii amici per vias Romanas deambulare pergunt, et in media urbe ruinis quae antiquissimae esse videntur appropinquant.

ruinae

MARCUS: Corinna, quae sunt illae ruinae in media urbe?

templum

CORINNA: Ea, quae videtis, sunt quattuor antiquissima templa, quae archaeologi credunt inter tertium et primum saecula ante Christum natum constructa esse. Temporibus antiquis post haec templa stabat theatrum maximum a Pompeio Magno anno quinquagesimo quinto ante Christum natum aedificatum. Hoc erat Romae primum theatrum e saxis factum.

MARCUS: Cur tam sero primum theatrum saxeum construxerunt Romani?

CORINNA: Romani semper timebant tumultum quem populus in uno loco congregatus facere potest. Ergo non voluerunt in media urbe magnum aedificium aedificare, in quo populus congregari et senatoribus perniciem machinari potest.

congregare—colligere in unum locum; congregari—in unum locum convenire

pernicies—exitium, mors, labes

machinari—aliquid excogitare

occidere—necare, interficere

MARCUS: Nonne Iulius ille Caesar in theatro Pompeii occisus est?

CORINNA: Ita est ut dicis, Marce. Bene historiam Romanam calles! Suetonius, qui vitas imperatorum Romanorum scripsit, dicit conspiratos Caesarem circumstetisse et apprehendisse et eum strictis pugionibus petivisse et vulneravisse. Caesarem autem graphio quod ferebat se defendere conatum esse, neque potuisse…

pugiones—gladii parvi

mors Caesaris

MARCUS: Et deinde Caesar ultima voce fertur Marco Bruto dixisse: 'Et tu Brute.'

CORINNA: Non ita est, Marce. Nam haec verba a Shakesperio inventa sunt et in ore Marci Bruti in sua tragoedia de Caesare posita sunt. Nam Suetonius nobis

tradit Caesarem sermone Graeco neque Latino Brutum
allocutum esse: '*kai su, teknon?*' Quod significat: 'Et tu,
fili?'

MARCUS: Cur Graece locutus est Caesar?

CORINNA: Paene omnes Romani divites et Graecum
et Latinum sermones callebant, et saepissime inter se
Graece colloquebantur…

1. Templa, quae ab amicis in media urbe aspiciuntur, aedificata sunt, secundum archaeologos,...
   (a) aetate prehistorica.
   (b) republica Romana vigente.
   (c) Traiano et Hadriano imperantibus.
   (d) periodo Byzantina.

2. Theatrum Pompeianum anno _____ ante Christum natum constructum est.
   (a) 505
   (b) 55
   (c) 15
   (d) 5

3. Marcus rogat cur Romani tam sero primum theatrum saxeum _____.
   (a) construant.
   (b) construerent.
   (c) construxerint.
   (d) construxissent.

4. Romani semper timebant ____ populus in uno loco congregatus tumultum _____.
   (a) ut...faciat.
   (b) ut...faceret.
   (c) ne...faciat.
   (d) ne...faceret.

5. Verbum, quod est "pernicies," idem significat atque...
   (a) consilium.
   (b) auxilium.
   (c) praemium.
   (d) exitium.

6. "Bene historiam Romanam calles!" idem significat atque...
   (a) "Non es valde studiosus historiae Romanae!"
   (b) "Es valde peritus historiae Romanae!"
   (c) "De historia Romana nihil scis!"
   (d) "Historiam Romanam certe amas!"

7. Qua re utens Caesar se defendere conatus est?
   (a) Gladio.
   (b) Hasta.
   (c) Scuto.
   (d) Stilo.

8. Apud quem auctorem verba, quae sunt "Et tu Brute," inveniuntur?
   (a) Apud Livium.
   (b) Apud Suetonium.
   (c) Apud Plutarchum.
   (d) Apud Shakesperium.

9. Quid significant verba, quae sunt kai su, teknon?

    (a) "Quid facis, Brute?"

    (b) "Esne sus, Brute?"

    (c) "Me interficis, fili?"

    (d) "Et tu, fili?"

10. Marcus rogat cur Graece Caesar _____.

    (a) loquatur.

    (b) locutus sit.

    (c) loqueretur.

    (d) locutus esset.

11. Hoc erat Romae primum theatrum e _____ factum.

12. Romani semper timebant _____ quem populus in uno loco congregatus facere potest.

13. Nonne Iulius ille Caesar in theatro _____ occisus est?

14. Secundum Suetonium, conspirati Caesarem _____ et _____ et eum strictis pugionibus _____ et _____.

15. Paene omnes Romani divites et Graecum et Latinum sermones _____.

16. Quattuor templa antiquissima, de quibus iam legisti, in area, quae appellatur Largo Argentina, hodie inveniuntur. Chartam geographicam urbis Romae inspicias, hanc aream invenias, rudera templorum (Anglice vel Latine) describas.

17. De ultimo die Iulii illius Caesaris quid scis? Qualia prodigia et portenta vidit audivitque? Quis eum monere aut defendere conatus est? Responde Latine, sodes!

FELES
LECTIO XL

Marcus et Corinna et alii amici antiqua templa Romana circum Theatrum Pompeii inspiciunt. Corinna explicat quomodo Iulius Caesar occisus sit. Postquam Corinna historiam de morte Iulii Caesaris narravit, Iacobus felem parvulam non procul iacentem videt et exclamat:

inspicere—
scrutari, rimari,
examinare

feles

IACOBUS: Videte felem parvulam! Amici, licetne domum nobiscum ferre?

Alii amici nihil respondent, sed Marcus dicit se vidisse multas feles per ruinas templorum Romanorum errare, et Corinnam interrogat cur tot feles sint in ruinis Romanis. Corinna explicat Romanos in ruinis feles relinquere solere, et nonnullos homines cotidie ad has ruinas venire

errare—vagari

tot feles—tam
multae feles

qui eas curant et alunt, sed has feles saepe ruinis nocere. Iacobus iterum exclamat:

IACOBUS: Nil moror ruinas veteres et decrepitas! Aspicite hanc parvam felem! Sine dubio esurit et sitit! Feremus eam domum!

CORINNA: Sed nostris contubernalibus nullo modo placebit! Quid eis dicemus?

IACOBUS: Bene scio amicos nostros felem amaturos esse! Vos obsecro, amici! Licetne eam domum ferre?

Corinna et Marcus post brevem cunctationem dicunt se vinci, Iacobumque monent ut felem accurate teneat et quam celerrime domum portet. Iacobus valde gaudet amicos vicisse et sibi licere felem domum ferre. Domum redire incipiunt, et inter vias in mercato lac et cibum felibus destinatum emunt.

Cum intrant in diaetam et Robertus felem videt, miratur et exclamat:

ROBERTUS: Papae! Quid est hoc? Felem domum tulistis? Ubi eam invenistis? Foras iterum eam ferte!

Homines qui feles curare et alere volunt lac et cibum felibus dant

nocere—damnum facere

nil moror— non curo, flocci facio

esurire—esse velle

sitire—bibere velle

obsecro— orare, precari, petere

cunctatio— dubitatio, haesitatio

vincere— persuadere, convincere

lac

LECTIO XL

nec mora cum incipit—statim incipit

mitigare—placare

Sed nec mora feles crura et pedes Roberti capite suo permulcere incipit. Ira statim mitigata et placata, Robertus ridet.

mansuetus—non ferus, sed ad manum humanam assuetus

ROBERTUS: Quam bella et suavis est haec feles! Et quam parvula et mansueta! Fiat, mentem mutavi: felem domi nutriemus! Quid nomen ei imponemus?

mentem mutare—consilium mutare

IACOBUS: Eam appellabimus Romulam, quia relicta ita a nobis inventa est et nutrietur, ut Romulus et frater Remus iuxta Tiberim relicti mox inventi et educati sunt.

LECTIO XL EXERCITIA

1. Corinna explicabat quomodo Iulius Caesar _____.

   (a) occidatur.

   (b) occisus sit.

   (c) occideretur.

   (d) occisus esset.

2. Quo die Caesar occisus est?

   (a) Kalendis Ianuariis.

   (b) Nonis Februariis.

   (c) Idibus Martiis.

   (d) Die natali urbis Romanae.

3. Quis felem inter ruinas iacentem primum aspicit?

   (a) Marcus.

   (b) Corinna.

   (c) Iacobus.

   (d) Alius amicus.

4. Marcus dicit se vidisse multas feles. Quid dicit Marcus?

   (a) "Ego video multas feles…"

   (b) "Ego vidi multas feles…"

   (c) "Ille videt multas feles…"

   (d) "Ille vidit multas feles…"

5. Iacobus orat atque obsecrat ut _____ felem domum ferre.

   (a) licet ei

   (b) liceat ei

   (c) liceat sibi

   (d) liceret sibi

6. Iacobus non dubitat _____ contubernales felem amaturi sint.

   (a) ut

   (b) ne

   (c) quin

   (d) quod

7. Corinna et Marcus post brevem cunctationem dicunt _____ ("Vincimur").

   (a) se vinci.

   (b) se vinciri.

   (c) nos vinci.

   (d) eos vinciri.

8. Post felem visam Robertus amicis imperavit ut eam iterum foras _____.

   (a) ferant.

   (b) ferrent.

   (c) tulerint.

   (d) tulissent.

9. Quomodo Roberto persuadetur ut feles domi teneatur et nutriatur?

    (a) Feles statim murem capit.

    (b) Feles in gremium Roberti ascendit.

    (c) Feles pedes cruraque Roberti capite suo permulcet.

    (d) Alii amici Robertum pecunia corrumpunt.

10. Quam ob rem felem appellant Romulam?

    (a) Quia Romae nata est feles.

    (b) Quia Romae felem invenerunt.

    (c) Quia feles murem, sicut Romulus Remum, occidit.

    (d) Quia feles relicta eos de Romulo Remoque commonet.

11. Marcus Corinnam interrogat cur tot feles _____ in ruinis Romanis.

12. Corinna explicat: "Romani ruinis feles relinquere _____ et nonnulli homines cotidie ad has in ruinas _____ qui eas curant et alunt."

13. "Sed nostris _____ nullo modo placebit!"

14. "Foras iterum eam _____!"

15. "_____, mentem mutavi: felem domi nutriemus!"

16. Eratne bonum consilium (tua quidem sententia) felem domum ferre? Explica Anglice vel Latine.

17. Habesne tu quoddam animal familiare? Quid est nomen ei? Quid placet ei facere? Responde Latine, sodes!

COLLOQUIUM CUM ITALA DOCTA
LECTIO XLI

Postridie Corinna post ientaculum sumptum amicos monet frigidarium in culina omnino vacuum esse et hac de causa necesse esse obsonatum ire. Itaque unam Italam annis satis provectam, quae in via ambulat, interrogat ubi sit mercatus.

post ientaculum sumptum—postquam ientaculum est sumptum

obsonare—cibum et res necessarias emere

obsonatum (sup.) ire—ire ad mercatum

CORINNA: Ubi est, obsecro, proximus mercatus? Viamne nobis benigne monstrabis?

ITALA: Si dextrorsum verteris, videbis parvam viam. Vertere sinistrorsum, et post centum passus mercatum a dextra videbis.

dextrorsum—ad dextram partem; sinistrorsum—ad partem sinistram

CORINNA: Gratias agimus plurimas.

ITALA: Estis peregrinatores? Quando Romam advenistis? Unde orti estis?

peregrinator—qui peregrinatur, qui ad novam terram iter facit

CORINNA: Aestatem Romae degimus. Alii aliunde orti sunt, sed ego sum Colombiana.

ITALA: Vix credere possum te Colombianam esse. Habesne radices Italicas? Sine dubio tua mater vel avia Itala fuit. Nam tam bene linguam Italicam calles.

CORINNA: Benigne dicis, sed non sum Itala, neque fuerunt maiores de stirpe Italica.

maiores—qui nos praecesserunt

stirps—genus

ITALA: Mirabile dictu! Cur tam bene Italice loqueris?

CORINNA: Sine notitia linguae Italicae valde difficile est versari in Italia! Sed mihi videntur paene omnes Itali Anglice loqui posse. Nonne ita tibi videtur?

ITALA: Ita est ut dicis. Nunc Itali, praesertim iuvenes, Anglice loqui possunt. Sed cum ego essem puella, res aliter se habebant. Nam rarissime Italos invenire poteram, qui Anglice loqui poterant. Sed nunc necopinato senex facta sum, et omnia celeriter mutantur... 'Tempora labuntur, tacitisque senescimus annis, et fugiunt fraeno non remorante dies,' ut dixit noster Ovidius.

necopinato (adv.)— improviso, contra expectationem, praeter spem, subito

CORINNA: Quam callidi sunt Itali, qui Ovidium citare valeant!

LECTIO XLI EXERCITIA

1. Corinna dicit necesse esse obsonatum ire. Quid est necesse ei facere?

   (a) cantare

   (b) caffeam bibere

   (c) colloqui cum amicis

   (d) cibum emere

2. Verbum, quod est "obsonatum," est...

   (a) nomen substantivum.

   (b) adverbium.

   (c) participium.

   (d) supinum.

3. Itala, quacum Corinna loquitur, est...

   (a) puer.

   (b) adulescens.

   (c) iuvenis.

   (d) senex.

4. Itala Corinnam monebat ut dextrorsum _____.

   (a) vertatur.

   (b) versa sit.

   (c) verteretur.

   (d) versa esset.

5. Cur putat Itala Corinnam habere radices Italicas?

   (a) Optime Italice loquitur.

   (b) Mater Corinnae erat Itala.

   (c) Avia Corinnae erat Itala.

   (d) Nescimus.

6. "Mirabile dictu!" ait Corinna. Verbum, quod est "dictu," est...

   (a) nomen substantivum.

   (b) adverbium.

   (c) participium.

   (d) supinum.

7. Verbum, quod est "necopinato," idem significat atque...

   (a) sine scientia.

   (b) sine potestate.

   (c) contra remediam.

   (d) contra expectationem.

8. Cum Itala esset iuvenis, multi Itali Anglice loqui poterant.

   (a) Verum.

   (b) Falsum.

   (c) Nescimus.

9. Itala Corinnam rogat num
_____ peregrinatores, et
quando Romam _____, et
unde _____.

10. Ovidius dixit tempora
_____, tacitisque nos
_____ annis.

11. Corinna est iuvenis
Colombiana. Putasne
eam tam facile linguam
Italicam didicisse, cum
Hispanice loqui possit?
Explica Latine, sodes!

MERCATUS
LECTIO XLII

caseus

holera, poma

Mercatus facile invenitur, et omnes res necessarias colligunt: lac, caseum, carnem, holera, poma, ova, lardum, panem, crustula, necnon sal, piper, oleum, acetum, caffeam, theam, vinum. Omnibus his rebus collectis, pecuniam solvunt et domum eunt. Cibo in frigidarium deposito, Corinna omnes interrogat num amplius urbem videre et explorare velint. Amici dicunt se velle et paratos esse, Iacobus autem dicit se satis fessum esse et praeferre domi remanere, paululum respirare, et fortasse etiam brevem somnum capere.

lardum, caro

crustula

sal, piper

Itaque post aliquot minutas Corinna cum amicis ex diaeta et aedificio exit et eos trans Tiberim ducit. Dum in ponte trans flumen ambulant, Marcus Corinnam hoc interrogat:

oleum, acetum

MARCUS: Corinna, quid nomen huic ponti est?

CORINNA: Hic pons nominatur Pons Sixti, quia is a Papa Sixto Quarto saeculo decimo quinto post Christum natum factus est. Pons satis vetus est, et ergo solis peditibus licet eum transgredi, autocinetis autem transgredi illicitum est. Ut vobis totam historiam dicam, fundamenta huius pontis a veteribus Romanis iacta sunt, et pons Romanus hoc loco stabat usque ad medium aevum. Fundamenta autem, postquam pons in flumen cecidit, remanserunt, et his fundamentis usus est Papa Sixtus cum pontem construendum curavit.

pons trans flumen

MARCUS: Itaque pons iam paene duo millennia hoc eodem loco stat?

CORINNA: Est plus minusve ut dicis, Marce. Tota urbs Romana ita est facta: nova super antiqua semper per saecula construuntur, id est, moderna aedificia super aedificia aetatis Renatarum Artium constructa sunt, quae super aedificia Medii Aevi sunt facta, quorum fundamenta super fundamenta aedificiorum Romanorum iacta sunt.

caepa

MARCUS: Urbs Roma est ut caepa…

CORINNA: Recte mones, Marce, sed non omnes hoc videre et intellegere possunt. Nam sine clave necessaria urbs aperiri non potest...

claves

MARCUS: Et quae et qualis est haec clavis?

CORINNA: Clavis est lingua Latina. Nam solum ei, qui Latine sciunt, ea, quae haec urbs pulcherrima et antiquissima dicit, audire possunt.

LECTIO XLII EXERCITIA

1. Quid Marcus in mercatu non emit?

   (a) Caseum.

   (b) Oleum.

   (c) Crustula.

   (d) Socolatam.

2. Quis non vult foras ire ut urbem exploret?

   (a) Iacobus.

   (b) Corinna.

   (c) Marcus.

   (d) Robertus.

3. Quis amicos trans Tiberim ducit?

   (a) Corinna.

   (b) Sixtus pontifex maximus.

   (c) Mater cum filia sua.

   (d) Pater cum liberis.

4. A quo Pons Sixti aedificatus est?

   (a) Sixtus III.

   (b) Sixtus IV.

   (c) Sixtus V.

   (d) Sixtus VI.

5. Quo saeculo pons a papa constructus est?

   (a) Saeculo 1o ante Christum natum.

   (b) Saeculo 5o ante Christum natum.

   (c) Saeculo 5o post Christum natum.

   (d) Saeculo 15o post Christum natum.

6. Licet autocinetis pontem Sixti transgredi.

   (a) Verum.

   (b) Falsum.

   (c) Nescimus.

7. De ponte Sixti quid non est verum?

   (a) Fundamenta pontis ab antiquis Romanis iacta sunt.

   (b) Pons antiquus usque ad medium aevum stabat.

   (c) Pons numquam in flumen cecidit.

   (d) Fundamenta pontis paene duo millennia stant.

8. Quali clave (secundum Corinnam) opus est ad urbem aperiendam?

    (a) Aurea.

    (b) Argentea.

    (c) Aenea.

    (d) Linguistica.

9. Iacobus dicit: "Ego satis _____ sum et _____ domi remanere."

10. Marcus Corinnam interrogat quid nomen huic ponti _____.

11. Corinna dicit solum _____ qui Latine sciant ea quae haec urbs pulcherrima et antiquissima dicat audire _____.

12. Quam ob rem Marcus dicit urbem Romam esse ut caepam?

FORUM AGONALE
LECTIO XLIII

Amici nostri circum maximum invenire volunt, sed non possunt.

IACOBUS: Haec platea simillima est circo, sed non est, ut opinor, Circus ille Maximus.

ut opinor—ut mihi videtur, ut puto

CORINNA: Ignoscite mihi, amici, sed videmur a recta via aberrasse.

vaticinari— divinare, praesagire, praesentire, ominari

IACOBUS: Hoc vaticinatus sum! Si Google secuti essemus, numquam aberravissemus! Sed ubinam gentium sumus?

stadium

CORINNA: Haec area vocatur Forum Agonale, quod forum super stadium imperatoris Domitiani constructum est, et forma antiqui stadii hac in platea a nobis adhuc percipi potest. Hic bene videmus quomodo vestigia urbis antiquae in urbe quae nunc est adhuc sentiantur et vivant. Huc accedit quod haec vestigia recentioribus monumentis miscentur. Videtisne quomodo fons quattuor fluminum ab illo Bernini confectus pulcherrime et eleganter obeliscum antiquis temporibus Romam ex Aegypto invectum sustineat? Quidni inscriptiones Latinas in basi obelisci legamus?

flumen

IACOBUS: Fortasse inscriptiones legendas et circum maximum visendum in alium quendam diem differre possumus. Te rogare volebam num scires quomodo nostrum ultimum pensum expletura esses.

obeliscus

CORINNA: Nondum scio. Adduci non possum ut constituam. Quomodo fieri potest ut uno opere totam historiam Romanam et omnes litteras Latinas comprehendamus? Utinam aliquid me inspiret, utinam quasi divinus quidam spiritus mentem meam concitet!

utinam—velim ut

IACOBUS: Nec mihi ullum est consilium. Quid ergo homines hic agere solebant?

CORINNA: Antiquis temporibus hoc in stadio praesertim certamina athletica fiebant. Deinde postquam Innocentius Decimus pontifex maximus saeculo septimo

decorare et nobilitare—decorum et nobilem facere

eureka—inveni (Graece)

mihi est in propositis—mihi propositum est, mihi in animo est

mentiri—falsum dicere

mendax—qui mentitur

suppeditare— abundare, satis esse

vinculum

decimo post Christum natum hanc aream decoravit et nobilitavit, multa alia hic facta sunt. Aetate Renatarum Artium fabulae scaenicae hic agi solebant... Eureka! Quid factura sim inveni! Fabulam scaenicam docebo.

IACOBUS: Hoc mihi iam erat in propositis.

CORINNA: Noli mentiri, mendacissime.

IACOBUS: Sed iam optimum mihi videtur.

ROBERTUS: Si liceret et tempus suppeditaret, totum diem hic manerem ut omnium rerum et hominum et monumentorum et etiam columbarum imagines photographicas excipiam! Puto hoc modo me pensum ultimum expleturum esse: vinculum inter urbem antiquam et novam imaginibus photographicis repraesentabo.

IACOBUS: Ego et Corinna fabulas docebimus!

LECTIO XLIII EXERCITIA

1. Quod monumentum amici invenire conabantur?

   (a) Circum maximum.

   (b) Circum Maxentii.

   (c) Pantheum.

   (d) Templum Isidis.

2. Verbum temporale, quod est "vaticinatus sum," idem significat atque...

   (a) cogitavi.

   (b) praedixi.

   (c) rogavi.

   (d) odi.

3. Iacobus dicit: "Si Google secuti essemus, numquam aberravissemus!" Ergo Google secuti sunt?

   (a) Sic.

   (b) Non.

4. A quo aedificatus est fons quattuor fluminum?

   (a) Ab imperatore Domitiano.

   (b) A sculptore Michaele Angelo.

   (c) A sculptore Bernini.

   (d) A fabre Borromini.

5. Quid fons quattuor fluminum sustinet?

   (a) Columnam.

   (b) Statuam imperatoris.

   (c) Obeliscum.

   (d) Pyramidem.

6. Iacobus dicit: "Haec platea vivida utique mihi multo magis cordi est quam sterilia rudera archaeologica." Verba, quae sunt "magis cordi est," idem significant atque...

   (a) est pulchrior.

   (b) est felicior.

   (c) magis placet.

   (d) magis displicet.

7. In foro agonali olim gladiatores pugnabant.

   (a) Verum.

   (b) Falsum.

   (c) Nescimus.

8. Innocentius decimus pontifex maximus _____ saeculo post Christum natum forum agonale ornavit.

   (a) 15

   (b) 16

   (c) 17

   (d) 18

9. Quando fabulae scaenicae in foro agonali agi solebant?

   (a) Imperatoribus Romanis regnantibus.

   (b) Medio aevo.

   (c) Aetate artium renatarum.

   (d) Numquam.

10. Ad ultimum pensum explendum quis fabulam scaenicam docebit?

   (a) Corinna.

   (b) Iacobus.

   (c) Robertus.

   (d) Et Corinna et Iacobus.

11. Corinna dicit: "Ignoscite _____."

12. Forum Agonale super stadium imperatoris _____ constructum est.

13. Huc accedit quod haec vestigia recentioribus monumentis _____.

14. Te rogare volebam num scires quomodo nostrum ultimum pensum _____.

15. Utinam aliquid me _____!

16. Cur nescit Corinna quomodo ultimum pensum suum expletura sit?

17. Si Romae discipulus/a esses, et ultimum pensum explere deberes, quid faceres? Explica Latine, sodes!

IACOBUS ET CORINNA
LECTIO XLIV

Iacobus et Corinna raeda longa vehuntur.

IACOBUS: Animum adverte: nuntium exoptabilem tibi nuntio. Hodie cum magistro nostro confabulatus sum, et licet nobis una fabulam docere. Unde labor minor maiorque delectatio! Placetne tibi series animata quae Simpsons vocatur? Mea quidem sententia, haec series bonum exemplum ad imitandum proponit. Quid dicis?

CORINNA: Satin' sanus es? Quid hoc ad Romam et linguam Latinam pertinet?

IACOBUS: Forsitan fabulam pictam et animatam facere possimus. Num hoc umquam antea factum est?

CORINNA: Mihi videor intrasse quintum inferorum circulum una cum Dante et Vergilio…

raeda longa
animum advertere—
animum intendere,
attente audire
confabulari—colloqui

satin'—satisne

mihi videor intrasse—
puto me intrasse

canis

IACOBUS: Cum Dante? Hocine nomen est cani familiae Simpsons?

Postquam domum redeunt, Corinna cum contubernalibus colloquitur dum Iacobus musicam auscultat et saltat.

saltare—rhythmice corpus movere ad modos musicos

CORINNA: Vix adducor ut credam mihi una cum Iacobo fabulam esse docendam.

studiosus fabulae docendae—fabulam docere valde vult et gestit

ROBERTUS: Ille contra videtur esse satis studiosus fabulae docendae.

Iacobus saltare desinit et interrumpit:

IACOBUS: Corinna! Quidni taeniolam musicam carminis Michaelis Jackson cui nomen 'Horror nocturnus' in nostra fabula imitemur?

imitari—aliquid simile facere, exemplum sequi

divino afflatu (spiritu) instinguere— inspirare

fatuus—homo ridiculus

CORINNA: Quomodo divino quodam afflatu instinguar, quomodo animus mihi ad altiora et sublimiora parienda inflammabitur, si mihi cum eo inepto insulsoque fatuo consociandum fuerit?

cultus—cultus civilis, cultura

ROBERTUS: Romae es, quasi in medulla et corde humanitatis altiorisque cultus versaris. Quocumque te vertis, quocumque oculi inciderunt, omnia pulchritudine aeterna et venusta dignitate splendent! Immortalitatem huius urbis oculis clausis etiam audire potes. Claudas oculos, quid sentis?

oculis clausis

CORINNA: Musicam foedissimam sonitusque horribiles…

ROBERTUS: Quid aliud praeter illud?

CORINNA: Eloquentiam vulgarem, musas mansuetiores, artes liberales et ingenuas… Artium studia vigere, litteras coli audio, homines video artium studio incensos qui litteras adamarunt et se totos litteris dederunt…

ROBERTUS: Et tu iam in ipso umbilico totius terrarum orbis versaris: i in urbem et musas cole!

CORINNA: Ita, iam urbem aeternam perlustrabo et omnes musas mansuetiores colam et precabor ut me instinctu divinoque inflatu inspirent.

ROBERTUS: Optime, et tecum Iacobum fer inspirationis comitem.

in umbilico orbis terrarum—in medio orbe terrarum

perlustrare—scrutari accurate

precari—petere, obsecrare

divinus inflatus—inspiratio

comes—qui comitatur

LECTIO XLIV EXERCITIA

1. "Hodie cum magistro nostro confabulatus sum." Quid fecit Iacobus?

   (a) Fabulas magistro narravit.

   (b) Cum magistro colloquium habuit.

   (c) Aedificavit aliquid cum magistro.

   (d) Nihil fecit.

2. Quid est nuntius exoptabilis, quem Iacobus Corinnae nuntiat?

   (a) Pensum ultimum facere non debent.

   (b) Robertus pensum ultimum iam explevit.

   (c) Licet eis una fabulam docere.

   (d) Non licet eis fabulam docere.

3. Verba, quae sunt "mea quidem sententia," idem significant atque...

   (a) ut opinor.

   (b) ut ita dicam.

   (c) ut obiter dicam.

   (d) aliis verbis.

4. Placetne Corinnae consilium Iacobi?

   (a) Sic.

   (b) Non.

5. Corinna putat se intrasse _____um circulum inferorum.

   (a) 3

   (b) 4

   (c) 5

   (d) 7

6. Verbum temporale, quod est "auscultat," idem significat atque...

   (a) canit.

   (b) scribit.

   (c) audit.

   (d) ludit.

7. Iacobus taeniolam musicam carminis Michaelis Jackson, cui nomen _____, ad imitandum proponit.

   (a) "Non refert utrum fusca sis an alba"

   (b) "Malum"

   (c) "Horror Nocturnus"

   (d) "Guilelma Jean non est domina mea"

8. Verbum, quod est "afflatu," idem significat atque...

   (a) potentia.

   (b) consilio.

   (c) sonitu.

   (d) inspiratione.

9. Clausis oculis quid Corinna non sentit?

   (a) Musicam horribilem.

   (b) Odorem placentae Neopolitanae.

   (c) Linguam Italicam.

   (d) Artes liberales.

10. Robertus dicit: "Et tu iam in ipso umbilico totius terrarum orbis versaris." Verbum, quod est "umbilico," idem significat atque...

    (a) ventre.

    (b) cloaca.

    (c) centro.

    (d) origine.

11. Iacobus Corinnam rogat num _____ series animata quae Simpsons vocatur.

12. Robertus Corinnam hortabatur ut _____ oculos.

13. Corinna dicit se urbem aeternam ___ et omnes Musas mansuetiores___.

14. Quid putas de consiliis a Iacobo propositis? Suntne bona an mala? Explica Latine, sodes!

IACOBUS DISTRAHITUR
LECTIO XLV

*Iulius Caesar equo
vectus*

*percipere—videre,
sentire*

*mente fingere—
imaginari*

*cachinnare—valde
ridere*

*plaudere—
applaudere*

Corinna et Iacobus per vias urbis errant et inspirationem quaerunt.

CORINNA: Videsne hoc aedificium? Scisne cur hanc habeat formam? Hic olim stabat theatrum Pompeii, in quo aedificio Iulius ille Caesar Idibus Martiis atrociter occisus est. Quamquam fundamenta theatri hodie sub aedificiis recentioribus iacent, forma antiqui theatri adhuc in viis urbis percipi potest. Mente finge quomodo ipsi Romani suas fabulas scaenicas docuerint, quomodo histriones partes suas egerint, quomodo spectatores riserint et cachinnaverint et plauserint!

IACOBUS: Videsne illam pulcherrimam feminam? Forsitan ei persuadere possimus ut partem in nostra fabula agat!

CORINNA: An nescis omnes partes in fabulis Romanis et Graecis, etiam partes feminarum, a viris agi solere?

IACOBUS: Sed hodiernis temporibus hae regulae et normae sunt obsoletae neque rigide observantur. Nonne tu partem primam ages?

regula—norma, lex

CORINNA: Ita, agam… Sed, nihilominus, veri simile est illam Latine loqui non posse. Recordare nostram fabulam Latine actum iri!

recordari— meminisse, memoria tenere

recordare nostram fabulam Latine actum iri— recordare nos nostram fabulam Latine acturos esse

IACOBUS: Mane hic, ego sciscitabor num Latine loquatur.

Post nunnulla temporis momenta Iacobus regreditur.

sciscitari— percontari, interrogare

CORINNA: Quid cognosti?

cogno(vi)sti

IACOBUS: Anglice bene non loquitur, sed nisi fallor, nomen ei est Beatrix, Romam ex Brasilia peregrina venit. Mihi numerum telephonicum dedit, et nos cras vesperi poculum vini in taberna bibemus.

CORINNA: Sed, o desultor amoris, loquiturne Latine annon?

IACOBUS: Quid? Latine? Nescio. Sed veri simile est eam non loqui. Tu bene scis, Corinna, hodie paucissimos homines Latine loqui posse.

CORINNA: O di immortales, quid peccavi ut hoc modo crucier?

peccare—errare, aliquid male facere

1. Ubi Iulius Caesar occisus est?

   (a) In foro Romano.

   (b) In templo Castoris et Pollucis.

   (c) In theatro Pompeii.

   (d) In thermis Agrippae.

2. Quo die necatus est Caesar?

   (a) Kalendis Ianuariis.

   (b) Nonis Februariis.

   (c) Idibus Martiis.

   (d) Die natali urbis Romae.

3. Omnes partes in fabulis Romanis et Graecis, etiam partes feminarum, a viris agi solebant.

   (a) Verum.

   (b) Falsum.

   (c) Nescimus.

4. Verum temporale, quod est "recordare," idem significat atque...

   (a) cane.

   (b) scribe.

   (c) intellege.

   (d) memento.

5. Verbum temporale, quod est "sciscitabor," idem significat atque...

   (a) sciam.

   (b) inveniam.

   (c) rogabo.

   (d) sperabo.

6. De femina, quacum Iacobus colloquitur, quid non est verum?

   (a) Nomen ei est Beatrix.

   (b) Est peregrina.

   (c) Ex Brasilia venit.

   (d) Anglice bene loquitur.

7. Verba, quae sunt "Desultor amoris," inveniuntur in carmine...

   (a) Catulli.

   (b) Vergilii.

   (c) Horatii.

   (d) Ovidii.

8. Potestne Beatrix Latine loqui?

   (a) Sic.

   (b) Non.

   (c) Nescimus.

9. Corinna rogat: "Quomodo ipsi Romani suas fabulas scaenicas _____? Quomodo histriones partes suas _____? Quomodo spectatores _____ , _____, et _____?"

10. Recordare: "Nostra fabula Latine _____!"

11. Suntne tibi notae aliquae fabulae scaenicae antiquae? Quid interest inter fabulas Graecas et Romanas? Explica Latine, sodes!

QUIS APPELLAT?
LECTIO XLVI

Dum Marcus per Campum Martium Romae ambulat, Livia ad urbem Bostoniam longum iter per orientale litus Americae Septentrionalis facit, ut ibi residat. Dum Livia in Bostoniae Horto Communi sedet et lepidum libellum Catulli poematum legit, subito sophophonum eius sonorum strepitum facit.

LIVIA: Salve! Quis me appellat?

MARCUS: Marcus hic. Romae sum, ut scis. Quomodo te habes?

LIVIA: Optime me habeo. Perplexa vero sum, quia necopinatus me appellas tot post menses. Et tu? Quid agis?

MARCUS: Ago bene, sed valde te desidero. Ubi es?

LIVIA: Bostoniae sum. Nunc in urbe hac habito. Scisne, Bostonia hoc anni tempore perpulchra urbs est...

MARCUS: Eheu, numquam Bostoniam vidi. Vetustissima urbs est, nonne?

LIVIA: Vetus certe est, sed non tam antiqua quam Roma. Ut sigillum civitatis Latine inscriptum dicit, Bostonia condita est anno MDCXXX, civitatis regimine donata anno MDCCCXXII.

sigillum
Bostoniae

MARCUS: Valde mirum! Sed cur constituisti ad illam urbem pergere?

LIVIA: Nempe ut pisces pingues et garum illum salsum quod chowderium vocant ignave gustare possem... Sed haec iocata sum. Nunc Bostoniae habito. Huc adveni ut novam vitam degere possim.

MARCUS: Me denique surrogavisti, nonne?

LIVIA: Desine ineptire, quaeso. Hodie antiquitatis reliquias in Musaeo Artium Bostoniensi servatas visi atque libros rarissimos Latine scriptos in Bibliotheca Publica Bostoniensi perlegi. Scisne illius Claudii

273

Ptolemaei astronomi Cosmographiam saeculo XV Latine versam plurimis cum chartis geographicis multaque alia incunabula hic contineri?

incunabula

cammaros et astacus

MARCUS: Minime, sed Ptolemaei doctrina valde mihi placet: non modo mathematicus ille est, sed etiam philosophus. Utinam chorographiam eius tam bene noverim quam tu!

LIVIA: Nihilominus cammari et astaci quoque, qui prope litora Massachusettensia abundant, maxime mihi placent. Multas vero cauponas in foro quod Faneuil vocatur iam visitavi. An fortasse mecum de Romano itinere tuo colloqui volebas?

MARCUS: Certissime volo. Sed etiam de amicitia nostra tecum loqui velim. Scio mores meos ante digressum meum asperos crassosque fuisse. Ignosce mihi, quaeso. Credo etenim nunc alius homo fieri, quasi renatus et renovatus ob decus et laetitiam huius itineris mei per urbem Romam... Numquam iterum immitis in te ero.

LIVIA: Excusationes te dare non necesse est. Irata quidem nuperrime eram, sed iam non sum. Quamquam stultus interdum eras, rusticitas illa tua iam non in cogitationibus meis est. Nam vita mea quoque renovata est, nec mihi opus est crebro de nugis illis sermone.

MARCUS: Sed adhuc cogitationes curasque meas in te confero et valde te diligo. Amicitia nostra mihi pulchrior quam omnia Romae monumenta videtur.

LIVIA: Nunc autem mihi discedendum est: cum amicis meis in popinam ire debeo. Num sero me ad prandium advenire velis?

MARCUS: Illud sine dubio nolo. Cura ut valeas.

LIVIA: Vale.

His dictis, ambo e colloquio telephonico discedunt et alter ad Romam, altera ad Bostoniam admirandam redeunt. Marcus autem de anteactis affectis animi sui summe cogitat.

1. Dum Marcus Romae versatur, quam urbem petivit Livia?

   (a) Philadelphiam.

   (b) Bostoniam.

   (c) Angelopolim.

   (d) Sicagum.

2. Livia, ubi Marcus eam telephonice appellat, confitetur se esse...

   (a) iratam.

   (b) fessam.

   (c) confusam.

   (d) aegrotam.

3. Quo anno urbs Bostonia condita est?

   (a) 1630

   (b) 1776

   (c) 1812

   (d) 1822

4. Ubi in urbe Bostonia Livia libros rarissimos Latine scriptos legit?

   (a) In Horto Communi

   (b) In Musaeo Artium

   (c) In Bibliotheca Publica

   (d) In Universitate Bostoniensi

5. Quid non invenitur in Bibliotheca Publica Bostoniensi?

   (a) Ptolemaei astronomi Cosmographia Latine reddita

   (b) Multae chartae geographicae

   (c) Multa incunabula

   (d) Haec omnia in Bibliotheca inveniuntur

6. Quid in civitate Massachusettensia placet Liviae praecipue comedere?

   (a) Piscem et mala terrestria fricta

   (b) Phaseolos furnaceos Bostonienses

   (c) Tomacula ferventia

   (d) Cammaros et astacos

7. Marcus rogat Liviam ut _____ ignoscat.

   (a) eum

   (b) eam

   (c) ei

   (d) sibi

8. Marcus pollicetur se numquam iterum in Liviam immitem _____.

   (a) fuisse

   (b) esse

   (c) futurum esse

   (d) futuram esse

9. Postquam Marcus veniam a Livia petivit, illa dicit eum esse sibi in odio.

   (a) Verum

   (b) Falsum

   (c) Nescimus

10. Marcus dicit Liviam adhuc a se diligi. Quomodo Livia respondet?

    (a) Fatetur Marcum etiam a se adhuc amari.

    (b) Declarat se numquam amavisse Marcum.

    (c) Dicit sibi abeundum esse.

    (d) Tacet et cogitat.

11. "Salve! Quis me _____?"

12. Bostonia hoc anni tempore _____ urbs est.

13. Utinam chorographiam eius tam bene _____ quam tu!

14. Scio mores meos ante digressum meum asperos crassosque _____.

15. ...nec mihi opus est crebro de nugis illis _____.

16. De urbis Bostoniae historia monumentisque quid scis? Describas Anglice vel Latine.

17. Putasne Marcum re vera mutatum esse? Paenitetne eum stultitiae suae (tua quidem sententia)? Responde Latine, sodes!

ELEPHANTUS SAPIENS
LECTIO XLVII

*peculiaris—
singularis, mirus*

Iacobus et Corinna peculiarem statuam in platea quadam inveniunt.

*hoc me iuvat—hoc
me delectat, hoc
mihi placet*

IACOBUS: Mirum, hoc me iuvat.

*exarare—scribere,
inscribere*

CORINNA: Haec inscriptio, haec statua a Bernini facta, hic tandem niloticis aenigmatibus exaratus obeliscus--omnia haec meam admirationem maxime movent. Quomodo tali pulchritudine meam fabulam imbuam?

*imbuere—infuscare,
inficere, madidum
facere*

IACOBUS: Nostram vis dicere fabulam, cuius ego sum imperator histricus!

intellige—intellege

CORINNA: Est verum quod dicunt: saxa Romae nobiscum loquuntur. 'Intellige robustae mentis esse solidam sapientiam sustinere.'

elephantus

IACOBUS: Elephantum in nostra fabula habebimus.

Placitum est.

CORINNA: Minerva, dea sapientiae et belli, obsecro me adiuves.

IACOBUS: Tuum autem erit stercus elephanti tractare. Meum non est. Puto utique hoc plus ad tuum ingenium cadere.

CORINNA: Iure meritoque mones.

IACOBUS: Ain' vero?

CORINNA: Ita est. Ego hic manebo et omnia negotia quae taedium movent tractabo, exempli gratia, quam fabulam docere velimus inveniam. Tu oportet difficiliora cures et administres. Elephantum conducendum cura.

IACOBUS: Ita prorsus existimo.

CORINNA: Noli oblivisci nobis esse opus elephanto qui mandata Latine data intellegat.

IACOBUS: Sane elephantum qui Latine intellegat conducendum curabo, nam sum imperator huius spectaculi.

CORINNA: Prorsus isto modo.

placitum est—placuit, decretum est

obsecro (ut) me adiuves

meum non est (officium)

tu hoc melius facies

iure meritoque—bene et recte

quae taedium movent—quae non grata neque iucunda sunt

oportet (ut) tu cures et administres—oportet te curare et administrare

mandata—imperata, iussa

*no(vi)sti
magistrum?—
estne tibi notus
magister?*

IACOBUS: Forte nosti aliquem elephantorum magistrum?

CORINNA: Mihi ignosce.

IACOBUS: Ut vera dicam, non multum sperabam. Bene, investigabo et rete perscrutabor, simul atque hoc sophophonum inutile tandem aliquando aliquid de rete depromserit.

1. Statua elephanti, quam Iacobus et Corinna in platea inveniunt, ab _____ constructa est.

   (a) imperatore Domitiano

   (b) sculptore Michaele Angelo

   (c) sculptore Bernini

   (d) fabre Borromini

2. Quae sunt "aenigmata nilotica" in obelisco inventa?

   (a) Mysteria fontis fluminis Nili.

   (b) Mysteria pyramidum.

   (c) Litterae hieroglyphicae.

   (d) Sacra Isidis.

3. Verbum, quod est "exaratus," idem significat atque...

   (a) cultivatus.

   (b) repletus.

   (c) tectus.

   (d) scriptus.

4. Iacobus constituit _____ in fabula habere.

   (a) obeliscum

   (b) elephantum

   (c) saxa

   (d) Minervam

5. Quid est "stercus" elephanti?

   (a) Excrementum.

   (b) Pellis.

   (c) Proboscis.

   (d) Fortitudo.

6. Corinna Iacobo imperat ut...

   (a) stercus tractet.

   (b) elephantum conducat.

   (c) fabulam eligat.

   (d) abeat in malam rem.

7. Quomodo aliter dici potest "Noli oblivisci"?

   (a) Ne obliviscaris.

   (b) Memento.

   (c) Recordare.

   (d) Omnia haec tria.

8. Qualis elephantus (secundum Corinnam) eis opus est?

   (a) Qui potest saltare.

   (b) Qui magnum sonitum facere potest.

   (c) Qui potest Latine colloqui.

   (d) Qui linguam Latinam intellegere potest.

9. Corinna Minervam orat ut
   _____ adiuvet.

10. Iacobus Corinnam rogat
    num _____ aliquem
    elephantorum magistrum.

11. Quid de elephantis scis?
    Narra Latine, sodes!

COLLOQUIUM CUM PROFESSORE
LECTIO XLVIII

Corinna professorem suum de fabula eligenda consulit.

eligere—seligere, capere, optare

consulere—rogare

CORINNA: Quomodo, magister, fabulam eligam?

PROFESSOR: Non tu fabulam, sed fabula te eligat oportet.

oportet ut fabula te eligat, non tu fabulam

CORINNA: Mihi videor talia verba iam audivisse… Collocutus es cum Iacobo?

PROFESSOR: Ita, telephonice collocuti sumus. Fremitus mugitusque multos edidit, et aliquid de elephanto dixit. Quid tibi impedimento est quominus fabulam eligas?

fremitus— fremor, crepitus, sonus magnus

mugitus— sonus bovis

CORINNA: Quomodo dicam? Romae sum, Latine quotidie cum condiscipulis meis loquor. Incertumst num talis occasio iterum unquam mihi contingat… Aliquid

incertumst— incertum est

memoria dignum facere velim, quod nomen meum in annalibus huius urbis inscribat!

PROFESSOR: Intellego.

CORINNA: Quae ergo fabula est docenda mihi?

PROFESSOR: Rectum responsum tibi prave interroganti dare nullo prorsus modo valeo.

dare valeo—dare possum, ad dandum valeo

prave—non recte

CORINNA: Quomodo melius interrogem?

PROFESSOR: Si Romae antiquae vixisses et quodlibet opus componere potuisses, quid scripsisses? Quid scriberes si Romae aetate Ciceronis euisque aequalium viveres?

difficile est dictu— difficile est dicere

CORINNA: Difficile est dictu. Comoediae me delectant. Tibi nota illa celeberrima verba illius Miguel de Unamuno? 'Saepius felem facultatem rationis exercere vidi quam ridere et flere.' Hoc volo dicere: mea quidem sententia non ratio, sed risus et fletus nos a ceteris animalibus distinguit.

PROFESSOR: Et quid de hyena, exempli gratia?

CORINNA: Ita, et quandoquidem semper risum fletui praefero, in fabulis comicis excelsissimam et profundissimam apparere opinor humanitatem.

PROFESSOR: Male iocatus sum. Fabulas ergo Plauti excute, quae maxime iucundae sunt et pulcherrimam Latinitatem redolent. Etiam dixerim ipsas Musas Plautino sermone locuturas fuisse, si Latine loqui vellent.

CORINNA: Haec verba mihi videris a Varrone sumpsisse, professor. Sed rem missam faciamus. Quam fabulam Plauti eligam?

PROFESSOR: Non tu fabulam, sed…

CORINNA: Doctam doces et iam dictum dicis, magister.

1. De qua re Corinna colloquium cum professore habet?

   (a) De Iacobo castigando

   (b) De elephanto inveniendo

   (c) De fabula eligenda

   (d) Nescimus

2. Secundum professorem, quomodo fabula est eligenda?

   (a) Tu debes eligere fabulam.

   (b) Fabula debet eligere te.

   (c) Et A et B.

   (d) Nec A nec B.

3. Quid faciebat Iacobus in colloquio telephonico, quod cum professore habuit?

   (a) Magnos sonitus emittebat

   (b) Mugiebat

   (c) De elephanto mentionem faciebat

   (d) Omnia haec tria

4. "Quid tibi impedimento est..." Quibus casibus sunt verba "tibi" et "impedimento"?

   (a) Dativo, dativo.

   (b) Dativo, ablativo.

   (c) Ablativo, dativo.

   (d) Ablativo, ablativo.

5. "Si Romae antiquae vixisses et quodlibet opus componere potuisses, quid scripsisses?" Corinna respondet sibi placere...

   (a) Tragoedias

   (b) Comoedias

   (c) Orationes

   (d) Opera philosophica

6. Corinnae quidem sententia, quid homines a ceteris animalibus distinguit?

   (a) Ratio.

   (b) Risus.

   (c) Fletus.

   (d) Et B et C.

7. Secundum Corinnam, ubi praecipue apparet humanitas?

   (a) In fabulis Aesopicis.

   (b) In fabulis comicis.

   (c) In tragoediis.

   (d) In historiis.

8. Professor Corinnam hortatur ut fabulas _____ inspiciat.

   (a) Aristophanis

   (b) Menandri

   (c) Plauti

(d) Terentii

9. Corinna: "Quae ergo fabula est _____ mihi?"

10. Miguel de Unamuno dixit se saepius felem facultatem rationis exercere _____ quam ridere et flere.

11. Professor dicit: "Ipsae Musae Plautino sermone _____, si Latine loqui _____."

12. De fabulis comicis antiquis quid scis? Explica Anglice vel Latine.

HABITUS
LECTIO XLIX

Post longum tempus Corinna Militem Gloriosum Plauti eligit. Corinna et Iacobus in mercatu sunt et de vestimentis colloquuntur:

IACOBUS: Partemne ergo Militis Gloriosi agam?

CORINNA: Ita.

IACOBUS: Dic mihi iterum qui titulus huic sit fabulae…

CORINNA: Miles Gloriosus.

IACOBUS: Ergo…

CORINNA: Ita, tu eris lumen totius spectaculi!

femina apricatur

IACOBUS: Et cur lumen spectaculi iterum in mercatu est? Nonne me decet apricari et vinum bibere?

CORINNA: Iacobe, ad omnes habitus scaenicos suendos ipsa non valeo.

habitus— vestimenta

IACOBUS: Hoc magis ad imperatorem quam ad histriones pertinere videtur.

CORINNA: Recte mones, es modo histrio. Falso putabam te esse spectaculi lumen.

falso (adv.)— prave, non recte

IACOBUS: Immo lumen sum! Partem Militis Gloriosi ago in fabula cui index Miles Gloriosus.

CORINNA: Eis qui primas partes agunt magni momenti esse solet quae vestimenta sibi induant…

vestimenta sibi induere— vestimenta in se ponere

IACOBUS: Sane maximi momenti est! Trita et usitata vestimenta non induimus.

usitare—frequenter et saepe uti

tritus—usitatus et decrepitus

CORINNA: Ergo non vis ut ego tibi vestimenta faciam ipsa?

IACOBUS: Mene tibi credere aliquid tam magni momenti?

CORINNA: Bene, ego meum et tu tuum faciendum curabimus. Sed quantum possum, meum habitum ita facere conabor ut meus tuum nullo modo superet.

IACOBUS: Ut iam de novo rem considero, fortasse praestat me omnes habitus nostros curare, ita ut quisque nostrum idoneum habitum habeat.

*idoneus—aptus,
accomodatus*

CORINNA: Sine cura sis, ego omnia facienda curabo…

IACOBUS: Nimis sero!

CORINNA: Hae mihi sunt artes: parcere subiectis et debellare superbos.

1. Quae fabula Plautina tandem a Corinna eligitur?

    (a) Amphitryon.

    (b) Captivi.

    (c) Miles Gloriosus.

    (d) Pseudolus.

2. Quisnam partem principalem in fabula aget?

    (a) Corinna.

    (b) Iacobus.

    (c) Robertus.

    (d) Beatrix.

3. Iacobi sententia, cur non ipse debet esse in mercatu?

    (a) Pecuniam non habet.

    (b) Maximis negotiis opprimitur.

    (c) Turbam odit.

    (d) Lumen est totius spectaculi.

4. Quid significat verbum temporale, quod est "apricari"?

    (a) Poma edere.

    (b) Fastos inspicere.

    (c) Sole frui.

    (d) Autocineto vehi.

5. Verbum temporale, quod est "praestat," idem significat atque...

    (a) licet.

    (b) placet.

    (c) melius est.

    (d) peius est.

6. Verba, quae sunt "parcere subiectis et debellare superbos," inveniuntur in carmine...

    (a) Catulli.

    (b) Vergilii.

    (c) Horatii.

    (d) Ovidii.

7. "Iacobe, ad omnes habitus scaenicos _____ ipsa non valeo."

8. "Eis qui primas partes agunt magni momenti esse solet quae vestimenta sibi _____..."

9. Trita et _____ vestimenta non induimus.

10. Quomodo Corinna Iacobo persuadet ut ipse omnes habitus faciat?

POST FABULAM
LECTIO L

Corinna et Iacobus optime fabulam suam docent et omnes eos laudant. Post spectaculum amici colloquuntur.

IACOBUS: Mea quidem sententia, habitus histrionum lumen et caput spectaculi fuerunt.

MARCUS: Euge! Macti virtute estote!

CORINNA: Gratias.

MARCUS: Hanc ipsam ob causam Romam veni.

CORINNA: Rectene conicio hoc indici tuo non esse insertum?

inserere—
includere, inscribere

MARCUS: Rectissimam facis coniecturam.

conicere—
coniectare

Marcus Corinnae suum indicem ostendit.

CORINNA: Colosseum? Fontana Trebii? Placenta Neapolitana? Nihil aliud Romae fecisti?

MARCUS: Et paulatim assuesco ad magnam sudoris copiam quae perpetuo ad imos manat talos.

CORINNA: Hoc indice utens, veniam da, urbem aeternam solum primis ut dicitur labris gustabis.

MARCUS: Hoc suspicatus sum etiam ego.

CORINNA: Ego, tu, omnes qui Latine loquuntur, non sumus peregrinatores vel viatores qui monumenta urbis primoribus labris gustantes levi urbis cognitione contenti esse possumus. Immo quodam modo per notitiam linguae Latinae indigenae huius urbis facti sumus, vel potius cives huius rei publicae litterarum. Urbem non videmus eodem modo quo alii, nam nobis sunt claves ad aperienda omnia secreta. Reice istum indicem.

MARCUS: Quid ergo mihi suades?

Amici iter ad parvum oppidum cui nomen Digentia faciunt. In hac regione Horatius suam villam habebat.

sudor in facie manat

perpetuo—semper, sine fine

talus—pars inferior cruris super pedem

veniam da— ignosce

labra

primoribus labris gustare—leviter neque profunde experiri

indigena—qui inde ab initio in loco quodam habitat

Colloquuntur in platea.

CORINNA: Haec platea me maxime delectat. Hic bene videmus mores et vitam Italorum.

MARCUS: Me quoque iuvat. Mihi videntur fora antiqua in parvis Italiae urbibus talia fuisse. Haec est Italia quam petivi. Hoc est quod somniabam…

somniare —
in somniis videre

Marcus et Corinna conantur inscriptionem de Horatio legere.

HIC IN SABINIS

DOCTI CANDIDIQUE MAECENATIS MUNERE

QUINTUS HORATIUS FLACCUS, MUSIS AMICUS,

VERGILII VARIIQUE SODALIS,

EGREGIUS AUGUSTEAE AETATIS TESTIS,

OPTIME SCRIPSIT.

HIC FONTEM BANDUSIAE CANENS

CARMINUM AETERNITATEM EFFINXIT.

MENSE APRILI ANNO MCMXCIII

VOLUIT DIGENTIA

AD ILLIUS MAXIMI INTER LATINOS GRAECI POETAE

GLORIAM POSTERIS TRADENDAM

HAUD MINORES HONORES TRIBUERE

QUAM VENUSIA VEL NEAPOLIS VEL ROMA

sodalis—amicus

testis—
qui testimonium fert

fons—
unde incipit flumen

MCMXCIII
— millesimo
nongentesimo
nonagesimo tertio

Amici deinde villam ipsam visitant.

MARCUS: Hic est ubi Horatius habitabat, scribebat, et canebat.

CORINNA: Post duo milia annorum adhuc vocem Horatii in his silvis circumvagantis et canentis percipimus.

MARCUS: Hanc ob causam linguae Latinae studemus et Latine loquimur!

CORINNA: Hanc ob causam Latine vivimus!

1. Iacobi sententia, quid erat lumen et caput spectaculi?

   (a) Corinna.

   (b) Ipse.

   (c) Habitus histrionum.

   (d) Et B et C.

2. Quid in indice Marci non invenitur?

   (a) Colosseum.

   (b) Fontana Trebii.

   (c) Placenta Neapolitana.

   (d) Glacies dulcis.

3. "Et paulatim assuesco ad magnam sudoris copiam quae perpetuo ad imos manat talos." Quid aliud fecit Marcus Romae?

   (a) Copiam verborum didicit.

   (b) Perpetuo in statione traminis mansit.

   (c) In fontana Trebii se lavit.

   (d) Sudavit.

4. Quomodo aliter dici possunt verba, quae sunt "veniam da"?

   (a) Ignosce mihi.

   (b) Quaeso.

   (c) Me paenitet.

   (d) Me pudet.

5. Quo eunt amici in itinere suo?

   (a) Tibur.

   (b) Speluncam.

   (c) Neapolim.

   (d) Digentiam.

6. Cuius villa hac in regione erat?

   (a) Catulli.

   (b) Vergilii.

   (c) Horatii.

   (d) Ovidii.

7. Sententia Corinnae, ubi bene videntur mores et vita Italorum?

   (a) In taeniolis.

   (b) In plateis.

   (c) In mercatibus.

   (d) In ecclesiis.

8. In inscriptione ab amicis lecta scribitur esse Horatius...

   (a) Musis amicus.

   (b) Egregius Augusteae aetatis testis.

   (c) Maximus inter Latinos Graecus poeta.

   (d) Omnia haec tria.

9. Quonam anno haec inscriptio Digentiae erecta est?

   (a) 1309.

   (b) 1393.

   (c) 1939.

   (d) 1993.

10. Marcus dicit se hanc ipsam ob causam Romam _____.

11. Corinna Marco imperat ut indicem _____.

12. Marcus dicit illam esse Italiam quam _____.

13. Secundum Corinnam, quomodo homines indigenae urbis Romanae facti sunt? Explica Anglice vel Latine.

a, ab, abs, *praep.* by (agent), from

abeo, abire, abivi(ii), abitus go away

abhinc, *adv.* since, ago, henceforth

ablativus, ablativi, *m.* ablative case (with or without casus)

absens, (gen.), absentis absent

absolutus, absoluta, absolutum absolute (esp. ablative absolute)

absolvo, absolvere, absolvi, absolutus set free

abstineo, abstinere, abstinui, abstentus keep away, abstain from

absum, abesse, afui, afuturus be absent

absurdus, absurda, absurdum absurd

abundo, abundare, abundavi, abundatus overflow, abound

ac, *conj.* and

accedo, accedere, accessi, accessus approach

accuratus, accurata, accuratior, accuratissimus accurate

accurro, accurrere, accurri, accursus run to

accusativus, accusativi, *m.* accusative

acetum, aceti, *n.* vinegar

acta, actae, *f.* seashore, beach

ad, *praep.* to, near

adamo, adamare, adamavi, adamatus fall in love

addictus, addicta, addictum dedicated to, devoted to

addo, addere, addidi, additus add

adduco, adducere, adduxi, adductus lead to

adeo, adire, adivi(ii), aditus approach

adfero, adferre, adtuli, adlatus carry to

adhibeo, adhibere, adhibui, adhibitus use, apply

adhuc, *adv.* thus far

adipiscor, adipisci, adeptus reach, obtain

adiuvo, adiuvare, adiuvi, adiutus help

admirabilis, admirabilis, admirabile admirable

admiror, admirari, admiratus admire, marvel at

admodum, *adv.* very, exceedingly

admoneo, admonere, admonui, admonitus remind, advise, warn

adoro, adorare, adoravi, adoratus adore, revere

adsuesco, adsuescere, adsuevi, adsuetus accustom

adsum, adesse, adfui, adfuturus be present

adulescens, adulescentis, *m.* young man

advenio, advenire, adveni, adventus arrive

adversus, adversa, adversum opposite, unfavorable

aedificium, aedifici(i), *n.* building

aedifico, aedificare, aedificavi, aedificatus build

aeger, aegra, aegrior, aegerrimus sick

aegroto, aegrotare, aegrotavi, aegrotatus be sick

aegrotus, aegrota, aegrotum sick

Aegyptius, Aegyptia, Aegyptium Egyptian

Aegyptus, Aegypti, _f._ Egypt

aenigma, aenigmatis, _n._ enigma

aequalis, aequalis equal, contemporary

aequor, aequoris, _n._ smooth surface, sea

aequus, aequa, aequior, aequissimus even

aer, aeris, _m._ air

aeroplanum, aeroplani, _n._ airplane,

aes, aeris, _n._ bronze

aestas, aestatis, _f._ summer

aestimo, aestimare, aestimavi, aestimatus value

aestivus, aestiva, aestivum summer

aestuo, aestuare, aestuavi, aestuatus boil, seethe

aetas, aetatis, _f._ age

aeternitas, aeternitatis, _f._ eternity

aeternus, aeterna, aeternior, aeternissimus eternal

aevum, aevi, _n._ time

affectus, affectus, _m._ affection

affero, afferre, attuli, allatus bring to

afficio, afficere, affeci, affectus affect

agedum come on!

ager, agri, _m._ field

agmen, agminis, _n._ multitude

ago, agere, egi, actus do, spend (time), thank (w/gratias)

agrestis, agrestis, agreste rustic

ah alas!

aio, -, - say

ala, alae, _f._ wing, armpit

alacritas, alacritatis, _f._ eagerness

albus, alba, albior, albissimus white

alea, aleae, _f._ game of dice

alibi, _adv._ elsewhere

alicubi, _adv._ somewhere

aliquando, _adv._ sometime

aliquot, _adv._ some

aliter, _adv._ otherwise

alius, alia, aliud other, another

allegoria, allegoriae, _f._ allegory

alligo, alligare, alligavi, alligatus bind to

alloquor, alloqui, allocutus address

alo, alere, alui, alitus feed, nourish

alter, altera, alterum one of two

alterno, alternare, alternavi, alternatus alternate

altitudo, altitudinis, _f._ height, depth

altus, alta, altior, altissimus high, deep, profound

alvus, alvi, _m._ belly

amans, amantis, _m./f._ lover

amasia, amasiae, _f._ female lover

amator, amatoris, _m._ lover

amatorius, amatoria, amatorium amatory

ambages, ambagis, _f._ riddle

ambulatio, ambulationis, *f.* walk

ambulo, ambulare, ambulavi, ambulatus walk

amica, amicae, *f.* female friend

amicitia, amicitiae, *f.* friendship

amicula, amiculae, *f.* lady friend

amiculus, amiculi, *m.* dear friend

amicus, amici, *m.* friend

amitto, amittere, amisi, amissus lose

amnis, amnis, *m.* river

amo, amare, amavi, amatus love

amoenus, amoena, amoenior, amoenissimus lovely

amor, amoris, *m.* love

amphitheatrum, amphitheatri, *n.* amphitheater

amplifico, amplificare, amplificavi, amplificatus increase, amplify

anabathrum, anabathri, *n.* elevator

ancora, ancorae, *f.* anchor

Anglice, *adv.* in English

ango, angere, anxi, anctus choke, distress

angulus, anguli, *m.* angle

angustus, angusta, angustior, angustissimus narrow

anima, animae, *f.* soul

animadverto, animadvertere, animadverti, animadversus pay attention, notice

animal, animalis, *n.* animal, living being

animus, animi, *m.* mind, soul, courage

annuntio, annuntiare, annuntiavi,

annuntiatus announce

annus, anni, *m.* year

ante, *praep., adv.* in front of, before

antea, *adv.* previously, before

antequam before

antiquitas, antiquitatis, *f.* antiquity

antiquus, antiqua, antiquior, antiquissimus ancient

aper, apri, *m.* boar

aperio, aperire, aperui, apertus open

aperte, apertius, apertissime openly, clearly

apertus, aperta, apertior, apertissimus open

apes, apis, *f.* bee

appareo, apparere, apparui, apparitus appear, seem

appellatio, appellationis, *f.* name

appello, appellare, appellavi, appellatus call

appetentia, appetentiae, *f.* appetite, desire

appeto, appetere, appetivi, appetitus desire, strive for

apprehendo, apprehendere, apprehendi, apprehensus apprehend

apprime, *adv.* to the highest degree, extremely

appropinquo, appropinquare, appropinquavi, appropinquatus approach

aptus, apta, aptior, aptissimus apt, suitable

apud, *praep.* at, by, near, among

aqua, aquae, *f.* water

ara, arae, *f.*   altar

arbor, arboris, *f.*   tree

arcesso, arcessere, arcessivi, arcessitus   summon, send for

archaeologia, archaeologiae, *f.*   archaeology

archaeologicus, archaeologica, archaeologicum   archaeological

archaeologus, archaeologi, *m.*   archaeologist

architector, architectari, architectatus   build

architectus, architecti, *m.*   architect

archivum, archivi, *n.*   archive

arcus, arcus, *m.*   bow

ardeo, ardere, arsi, arsus   be on fire

area, areae, *f.*   area, open space

argentaria, argentariae, *f.*   bank

argumentum, argumenti, *n.*   argument, reason, proof

aridus, arida, aridior, aridissimus   dry, arid

aries, arietis, *m.*   ram

armatus, armata, armatior, armatissimus   armed

ars, artis, *f.*   art

articulatus, articulata, articulatum   distinct, articulate

artus, arta, artior, artissimus   tight, narrow

arx, arcis, *f.*   citadel, stronghold

as, assis, *n.*   penny, coin

ascendo, ascendere, ascendi, ascensus   ascend, climb

ascribo, ascribere, ascripsi, ascriptus   attribute, ascribe

asper, aspera, asperior, asperrimus   cruel, hard, rough

aspicio, aspicere, aspexi, aspectus   look at

assentior, assentiri, assensus   assent, agree

assuesco, assuescere, assuevi, assuetus   accustom

astacus, astaci, *m.*   crab

astronomus, astronomi, *m.*   astronomer

astrum, astri, *n.*   star

at, *conj.*   but

Atheniensis, Atheniensis   Athenian

athleta, athletae, *m.*   athlete

athleticus, athletica, athleticum   athletic

atque, *conj.*   and

attendo, attendere, attendi, attentus   pay attention

attineo, attinere, attinui, attentus   concern, belong to

attollo, attollere   lift up

attonitus, attonita, attonitum   astonished

auctor, auctoris, *m.*   author, creator

audeo, audere, ausus   dare

audio, audire, audivi, auditus   hear

auditorium, auditori(i), *n.*   auditorium

augurium, auguri(i), n.   augury

aula, aulae, f.   hall

aureus, aurea, aureum   golden

auris, auris, *f.* ear

ausculto, auscultare, auscultavi, auscultatus listen to

aut, *conj.* or

autem, *conj.* but (postpositive)

autobirota, autobirotae, *f.* motorbike

autocinetum, autocineti, *n.* car

autoraeda, autoraedae, *f.* car, automobile

auxilium, auxili(i), *n.* help

aveho, avehere, avexi, avectus carry away

averto, avertere, averti, aversus turn away

avia, aviae, *f.* grandmother

avis, avis, *f.* bird

baculum, baculi, *n.* staff

barba, barbae, *f.* beard

barbaricus, barbarica, barbaricum barbaric

barbatus, barbata, barbatum bearded

barba, barbae, *f.* beard

basio, basiare, basiavi, basiatus kiss

basium, basi(i), *n.* kiss

beatus, beata, beatior, beatissimus fortunate

bellua, belluae, *f.* beast

bellum, belli, *n.* war

bellus, bella, bellior, bellissimus pretty

bene, melius, optime well

benignus, benigna, benignior, benignissimus kind, favorable

bestia, bestiae, *f.* beast

bestiarius, *m.* beast-fighter

bibliotheca, bibliothecae, *f.* library

bibo, bibere, bibi, bibitus drink

bibulus, bibula, bibulum given to drinking

bilinguis, bilinguis, bilingue bilingual

binoculum, binoculi, *n.* binoculars

biologia, biologiae, *f.* biology

birota, birotae, *f.* bicycle

blandimentum, blandimenti, *n.* blandishment

bonus, bona, melior, optimus good

bos, bovis, *m.* cow

braca, bracae, *f.* pants

bracchium, bracchi(i), *n.* arm

brevi, *adv.* in a short time, in a few words

brevis, breve, brevior, brevissimus, *adj.* short, brief

bucolicus, bucolica, bucolicum bucolic, pertaining to shepherds

cachinno, cachinnare, cachinnavi, cachinnatus laugh aloud

cacumen, cacuminis, *n.* height, summit

cadaver, cadaveris, *n.* corpse

cado, cadere, cecidi, casus fall

caecus, caeca, caecior, caecissimus blind

caedo, caedere, caecidi, caesus chop, kill

caelebs, caelibis, *m.* bachelor

caelestis, caeleste, caelestior, caelestissimus heavenly, celestial

caelum, caeli, *n.* sky

caepa, caepae, *f.* onion

cafea, cafeae, *f.*   coffee

calceus, calcei, *m.*   show

calefacio, calefacere, calefeci, calefactus   make warm

calidus, calida, calidior, calidissimus   hot

calleo, callere, callui   be calloused, know well

callidus, callida, callidior, callidissimus   clever

camisia, camisiae, *f.*   shirt

cammarus, cammari, *m.*   lobster

campana, campanae, *f.*   bell

campus, campi, *m.*   field

candidus, candida, candidior, candidissimus   white

canis, canis, *m./f.*   dog

cano, canere, cecini, cantus   sing

canto, cantare, cantavi, cantatus   sing

caper, capri, *m.*   he-goat

capio, capere, cepi, captus   seize, grasp

capra, caprae, *f.*   she-goat

caprarius, caprari(i), *m.*   goatherd

caput, capitis, *n.*   head

carcer, carceris, *m.*   prison

careo, carere, carui, caritus   lack (with abl.)

carmen, carminis, *n.*   song

carnarius, carnaria, carnarium   relating to flesh

caro, carnis, *f.*   meat

carpo, carpere, carpsi, carptus   pluck

carus, cara, carior, carissimus   dear, costly

caseum, casei, *n.*   cheese

castellum, castelli, *n.*   fort, castle

castigo, castigare, castigavi, castigatus   chastise, punish

castus, casta, castior, castissimus   pure, chaste

casus, casus, *m.*   fall, grammatical case

catholicus, catholica, catholicum   Catholic

causa, causae, *f.*   cause

caverna, cavernae, *f.*   cave

cedo, cedere, cessi, cessus   go, withdraw, yield

celeber, celebris, celebrior, celeberrimus   frequented, renowned

celebro, celebrare, celebravi, celebratus   celebrate

celer, celeris, celerior, celerrimus   quick, fast

celo, celare, celavi, celatus   hide, conceal

cena, cenae, *f.*   dinner

cenatio, cenationis, *f.*   dining room

ceno, cenare, cenavi, cenatus   eat dinner

centralis, centralis, centrale   central

cerno, cernere, crevi, cretus   discern

ceroma, ceromatis, *n.*   ointment

certamen, certaminis, *n.*   contest

certe, *adv.*   certainly

certo, certare, certavi, certatus   contend, compete

certus, certa, certior, certissimus   certain

cervesia, cervesiae, f. beer

cervus, cervi, m. stag, deer

ceteri, ceterae, cetera other, the rest

charta, chartae, f. paper

chemia, chemiae, f. chemistry

chiliometrum, chiliometri, n. kilometer

Christus, Christi, m. Christ

cibus, cibi, m. food

cinematographicus, cinematographica, cinematographicum pertaining to movies

cinis, cineris, m. ashes

circiter, adv. about, approximately

circuitus, circuitus, m. circumference, circuit

circulus, circuli, m. circle

circum, praep. around

circus, circi, m. circus

cito, citare, citavi, citatus cite

cito, citius, citissime quickly

civilis, civilis, civile civil

civis, civis, m. citizen

civitas, civitatis, f. state

clam, adv. in secret

clamo, clamare, clamavi, clamatus shout

clamor, clamoris, m. shout

clanculum, adv. secretly, by stealth

classicus, classica, classicum classical

claudo, claudere, clausi, clausus close, shut

clavis, clavis, f. key

cloaca, cloacae, f. drain, sewer

coemeterium, coemeterii, n. cemetery

coepi, coeptus begin

cogitatio, cogitationis, f. thought

cogito, cogitare, cogitavi, cogitatus think

cogo, cogere, coegi, coactus force, bring together

colligo, colligere, collegi, collectus collect

collis, collis, m. hill

colloquium, colloquii, n. conversation

colloquor, colloqui, collocutus converse

collyra, collyrae, f. pasta, noodles

colo, colere, colui, cultus honor, worship, cultivate

color, coloris, m. color

columna, columnae, f. column

comedo, comedere, comedi, comesus eat up, consume

comes, comitis, m. comrade, companion

comitor, comitari, comitatus attend, accompany

commentarius, commentari(i), m. commentary

committo, committere, commisi, commissus commit

commoditas, commoditatis, f. fitness, convenience

commodus, commoda, commodior, commodissimus suitable, convenient

commoror, commorari, commoratus stop, stay, abide

communico, communicare, communicavi, communicatus share, communicate

communis, communis, commune common, public

comparo, comparare, comparavi, comparatus prepare

complector, complecti, complexus embrace

complures, complura several

compono, componere, composui, compositus compose, order, collect

concelebro, concelebrare, concelebravi, concelebratus celebrate

concipio, concipere, concepi, conceptus conceive

conclave, conclavis, n. room

concursatio, concursationis, f. coincidence

concursio, concursionis, f. concurrence

condicio, condicionis, f. condition

condimentum, condimenti, n. spice, seasoning

condiscipulus, condiscipuli, m. fellow student

condo, condere, condidi, conditus found

conduco, conducere, conduxi, conductus employ, hire, rent

conficio, conficere, confeci, confectus complete

confero, conferre, contuli, collatus bring together, compare

confessio, confessionis, f. confession

conficio, conficere, confeci, confectus complete, accomplish

confirmo, confirmare, confirmavi, confirmatus strengthen, confirm

confiteor, confiteri, confessus confess

confuto, confutare, confutavi, confutatus restrain, check, refute

congrego, congregare, congregavi, congregatus collect, bring together

congressus, congressus, m. meeting

coniecto, coniectare, coniectavi, coniectatus conjecture

coniectura, coniecturae, f. conjecture

conor, conari, conatus try

consecutio, consecutionis, f. order, sequence

consentio, consentire, consensi, consensus agree

consequor, consequi, consecutus follow, achieve, reach

conservo, conservare, conservavi, conservatus preserve, conserve

considero, considerare, consideravi, consideratus consider

consido, considere, consedi, consessus sit down

consilium, consili(i), n. plan, decision

consisto, consistere, constiti, constitus stop

conspectus, conspectus, f. view, sight

conspicio, conspicere, conspexi, conspectus catch sight of

conspiro, conspirare, conspiravi, conspiratus plot, conspire constanter, constantius, constantissime, adv.   constantly

consto, constare, constitit, constatus   stand firm, stop, consist of

constipatio, constipationis, f.   crowd

constituo, constituere, constitui, constitutus   decide, set up

consto, constare, constiti, constatus   be agreed upon

construo, construere, construxi, constructus   construct

consul, consulis, m.   consul

consulo, consulere, consului, consultus   consult

consumo, consumere, consumpsi, consumptus   consume

consuo, consuere, consui, consutus   stitch together

contamino, contaminare, contaminavi, contaminatus   defile, pollute

contentus, contenta, contentior, contentissimus   content

contineo, continere, continui, contentus   contain, hold back

continuo, adv.   immediately

contra, adv., praep.   against, opposite, on the contrary

contraho, contrahere, contraxi, contractus   collect, gather, contract

contubernalis, contubernalis, m./f.   companion, colleague, roommate

conturbo, conturbare, conturbavi, conturbatus   confuse, disrupt

conubium, conubi(i), n.   marriage

convenio, convenire, conveni, conventus   come together, (impersonal) be appropriate to, fit, agree

conventus, conventus, f.   meeting

conversio, conversionis, f.   conversion

converto, convertere, converti, conversus turn   translate

convivalis, convivalis, convivale   festive

convivium, convivi(i), n.   party

coperculum, coperculi, n.   cover

copia, copiae, f.   abundance

coquo, coquere, coxi, coctus   cook

cor, cordis, n.   heart

coram, praep.   in the presence of

corniculatus, corniculata, corniculatum   horn-shaped

corona, coronae, f.   crown

corono, coronare, coronavi, coronatus   crown

corporatio, corporationis, f.   corporation

corpus, corporis, n.   body

corrumpo, corrumpere, corrupi, corruptus   destroy, corrupt

cotidie, adv.   every day

cras, adv.   tomorrow

crassus, crassa, crassior, crassissimus   crude, crass

crastinus, crastina, crastinum, adj.   tomorrow's

creber, crebra, crebrior, creberrimus   crowded, frequent, numerous

credibilis, credibilis, credibile   credible

credo, credere, credidi, creditus   trust, believe

credulus, credula, credulum   credulous, believing easily

cremo, cremare, cremavi, crematus cremate, burn

cresco, crescere, crevi, cretus grow

crimino, criminare, criminavi, criminatus accuse

crocodilus, crocodili, *m.* crocodile

crucio, cruciare, cruciavi, cruciatus torment

crudelis, crudele, crudelior, crudelissimus cruel

crus, cruris, *n.* leg

crustulum, crustuli, *n.* cookie, cake

cubiculum, cubiculi, *n.* bedroom

culina, culinae, *f.* kitchen

culmen, culminis, *n.* height, top

cultura, culturae, *f.* cultivation, culture

cultus, cultus, *m.* cultivation, worship, culture, civilization

cunctatio, cunctationis, *f.* delay, hesitation

cunctor, cunctari, cunctatus delay, hesitate

cupiditas, cupiditatis, *f.* desire

cupio, cupere, cupivi, cupitus desire

cupola, cupolae, *f.* dome

cur why

cura, curae, *f.* care, concern

curia, curiae, *f.* senate house

curo, curare, curavi, curatus care about

curro, currere, cucurri, cursus run

currus, currus, *m.* chariot

cursito, cursitare, cursitavi, cursitatus run to and fro

custos, custodis, *m.* gaurd

cymbula, cymbulae, *f.* small boat

damno, damnare, damnavi, damnatus condemn

dativus, dativi, *m.* dative (grammatical case)

de, *praep.* from, about, concerning

dea, deae, *f.* goddess

deambulatio, deambulationis, *f.* walk

deambulo, deambulare, deambulavi, deambulatus take a walk

debeo, debere, debui, debitus owe, ought

decedo, decedere, decessi, decessus depart

decessus, decessus, *m.* departure

decet, decere, decuit, - it is fitting, proper, suitable

decipio, decipere, decepi, deceptus deceive

declaratio, declarationis, *f.* declaration

declinatio, declinationis, *f.* declension

declino, declinare, declinavi, declinatus decline

decorus, decora, decorior, decorissimus fitting, proper, suitable

decrepitus, decrepita, decrepitum decrepit

decus, decoris, *n.* splendor, glory

dedico, dedicare, dedicavi, dedicatus dedicate

deduco, deducere, deduxi, deductus lead down

deerro, deerrare, deerravi,

GLOSSARY

deerratus wander, go astray

defatigo, defatigare, defatigavi, defatigatus exhaust

defendo, defendere, defendi, defensus defend

definio, definire, definivi, definitus define

deformitas, deformitatis, f. deformity, ugliness

deformo, deformare, deformavi, deformatus deform

defungor, defungi, defunctus die

dego, degere, degi spend (time), live

degusto, degustare, degustavi, degustatus taste, try

dein, deinde, adv. then, next

deicio, deicere, deieci, deiectus cast down

delabor, delabi, delapsus slip down

delectabilis, delectabile, delectabilior, delectabilissimus delectable

delecto, delectare, delectavi, delectatus delight

deleo, delere, delevi, deletus destroy

deliciae, deliciarum, f. favorite, delight, darling

delphinus, delphini, m. dolphin

demergo, demergere, demersi, demersus sink

demitto, demittere, demisi, demissus drop, send down

demolitio, demolitionis, f. tearing down, demolition

demonstro, demonstrare, demonstravi, demonstratus show, demonstrate

demoror, demorari, demoratus detain, delay

demum, adv. finally, at last

denarius, denarii, m. coin, dime

denique, adv. finally

dens, dentis, m. tooth

densus, densa, densior, densissimus dense

deorsum downward

depello, depellere, depuli, depulsus drive down/off

dependeo, dependere, dependi hang down

depingo, depingere, depinxi, depictus depict

depono, deponere, deposivi, depositus put down, deposit

depromo, depromere, deprompsi, depromptus bring out, fetch, download

derideo, deridere, derisi, derisus laught at, mock

derivo, derivare, derivavi, derivatus derive

descendo, descendere, descendi, descensus descend

describo, describere, descripsi, descriptus describe

desero, deserere, deserui, desertus desert

desidero, desiderare, desideravi, desideratus desire

desino, desinere, desivi, desitus stop

destino, destinare, destinavi, destinatus destine, determine

desum, deesse, defui, defuturus be absent, be lacking

detineo, detinere, detinui, detentus   detain, hold back

Deus, Dei, *m.*   god

devoro, devorare, devoravi, devoratus   devour

dexter, dextra, dexterior, dextimus   right

dextra, dextrae, *f.*   right hand, promise

diaeta, diaetae, *f.*   apartment

dico, dicare, dicavi, dicatus   dedicate

dico, dicere, dixi, dictus   say

dies, diei, *m.*   day

difficilis, difficile, difficilior, difficillimus   difficult

difficultas, difficultatis, *f.*   difficulty

digitus, digiti, *m.*   finger

dignus, digna, dignior, dignissimus   worthy

digredior, digredi, digressus   depart

digressus, digressus   departure

diligens, diligentis, diligentior, diligentissimus   careful, diligent

diligenter, diligentius, diligentissime   diligently

diligentia, diligentiae   care, diligence

diligo, diligere, dilexi, dilectus   love

diluvium, diluvi(i), *n.*   flood

discedo, discedere, discessi, discessus   leave, depart

discipula, discipulae, *f.*   female student

discipulus, discipuli, *m.*   student

disco, discere, didici, discitus   learn

discotheca, discothecae, *f.*   disco, club

displiceo, displicere, displicui, displicitus   displease

dispono, disponere, disposui, dispositus   dispose, arrange

disputatio, disputationis, *f.*   discussion, debate

disputo, disputare, disputavi, disputatus   dispute, discuss

disseco, dissecare, dissecavi, dissecatus   cut apart

dissentio, dissentire, dissensi, dissensus   disagree

dissero, disserere, disserui, dissertus   arrange, discuss

dissimilis, dissimile, dissimilior, dissimillimus   unlike, dissimilar

dissimulo, dissimulare, dissimulavi, dissimulatus   conceal, disguise

disto, distare   be distant, be different

distraho, distrahere, distraxi, distractus   drag apart, distract

distribuo, distribuere, distribui, distributus   divide, distribute

diu, diutius, diutissime, *adv.*   for a long time

dives, divitis, divitior, divitissimus   rich

do, dare, dedi, datus   give

doceo, docere, docui, doctus   teach

doctrina, doctrinae, *f.*   teaching

doctus, docta, doctior, doctissimus   learned

documentum, documenti, *n.*   lesson

doleo, dolere, dolui, dolitus feel pain

dolor, doloris, *m.* pain

dolus, doli, *m.* trick, deception

domesticus, domestica, domesticum domestic

domus, domus, *f.* house

donec, *adv.* until, while

doctrina, doctrinae, *f.* teaching

doctus, docta, doctior, doctissimus learned

documentum, documenti, *n.* lesson

donum, doni, *n.* gift

dormio, dormire, dormivi, dormitus sleep

dorsum, dorsi, *n.* back

dubitatio, dubitationis, *f.* doubt

dubito, dubitare, dubitavi, dubitatus doubt

dubium, dubi(i), *n.* doubt

dubius, dubia, dubium uncertain, doubtful

duco, ducere, duxi, ductus lead, consider

dulcis, dulce, dulcior, dulcissimus sweet

dum, *conj.* while, until

dux, ducis, *m.* leader

e, ex, *praep.* from, out of

ecce behold! look!

ecclesia, ecclesiae, *f.* church

editor, editoris, *m.* producer, exibitor

edo, edere, edidi, editus give forth, emit, publish

edo, edere, edi, esus eat

educo, educare, educavi, educatus train, educate

efficio, efficere, effeci, effectus effect, accomplish

effluo, effluere, effluxi flow out

effusio, effusionis, *f.* outpouring, effusion

egredior, egredi, egressus go out

eheu alas!

electricus, electrica, electricum electric

elephantus, elephanti, *m.* elephant

eloquentia, eloquentiae, *f.* eloquence

emendo, emendare, emendavi, emendatus correct

emetior, emetiri, emensus measure out, pass through

emo, emere, emi, emptus buy

emptor, emptoris, *m.* buyer

enarro, enarrare, enarravi, enarratus describe, explain/relate in detail,

enim namely (postpos.), indeed, for

enimvero to be sure, certainly

eo, ire, ivi, itus go

epitaphium, epitaphii, *n.* epitaph

epulae, epularum, *f.* feast

epulum, epuli, *n.* feast

equester, equestris, equestre equestrian

equidem indeed

equus, equi, *f.* horse

ergo therefore

erro, errare, erravi, erratus wander

error, erroris, *m.* mistake, error

erudio, erudire, erudivi, eruditus
educate

eruditio, eruditionis, f. erudition

eruditus, erudita, eruditum
learned, skilled,

esurio, esurire, esurivi, esuritus
be hungry

et, conj. and, even

etenim for, truly

etiam even, also

euge bravo!

evenio, evenire, eveni, eventus
turn out, happen

exaudio, exaudire, exaudivi, exauditus hear

excito, excitare, excitavi, excitatus
excite

exclamo, exclamare, exclamavi, exclamatus exclaim

excludo, excludere, exclusi, exclusus shut out, exclude

excrucio, excruciare, excruciavi, excruciatus torture, torment

excurro, excurrere, excurri, excursus run out

excusatio, excusationis, f. excuse

exemplar, exemplaris, n. model, pattern, example

exemplum, exempli, n. example

exeo, exire, exivi, exitus go out

exerceo, exercere, exercui, exercitus exercise, train, drill, practice

exercitatio, exercitationis, f. exercise

exercitus, exercitus, m. army

exhaurio, exhaurire, exhausi, exhaustus drain, drink up, exhaust

exigo, exigere, exegi, exactus
drive out, demand

existimo, existimare, existimavi, existimatus think, suppose, judge

exitium, exiti(i), n. destruction

exitus, exitus, m. exit

exonero, exonerare, exoneravi, exoneratus unload

expectatio, expectationis, f.
expectation

expecto, expectare, expectavi, expectatus expect, away

expedio, expedire, expedivi, expeditus set free, be expedient

expergiscor, expergisci, experrectus wake up

experior, experiri, expertus test, try, experience

explico, explicare, explicavi, explicatus unfold, explain

exploro, explorare, exploravi, exploratus explore

expono, exponere, exposui, expositus explain, set out

exquiro, exquirere, exquisivi, exquisitus seek out, inquire into

exsicco, exsiccare, exsiccavi, exsiccatus dry up

exspuo, exspuere, exspui, exsputus spit out

exsto, exstare exist, be

exstruo, exstruere, exstruxi, exstructus construct

extraho, extrahere, extraxi, extractus drag out, remove

extrico, extricare, extricavi, extricatus extricate

exuro, exurere, exussi, exustus
burn up, consume

GLOSSARY

fabrico, fabricare, fabricavi, fabricatus build, construct

fabula, fabulae, f. story

facies, faciei, f. face

facilis, facile, facilior, facillimus easy

facio, facere, feci, factus make, do

factum, facti, n. fact, deed

fallacia, fallaciae, f. deceit

fallo, fallere, fefelli, falsus deceive, cheat

falsus, falsa, falsum false

fames, famis, f. hunger

familia, familiae, f. family

farcio, farcire, farsi, fartus stuff

fastigium, fastigi(i), n. pediment

fatigatus, fatigata, fatigatum tired

fatigo, fatigare, fatigavi, fatigatus tire

fauces, faucium, f. throat

faveo, favere, favi, fautus support, favor (+dat.)

favor, favoris, m. favor, goodwill

febris, febris, f. fever

feles, felis, f. cat

felix, felicis, felicior, felicissimus happy

femina, feminae, f. woman

fenestra, fenestrae, f. window

ferculum, ferculi, n. dish, tray

fero, ferre, tuli, latus carry, bear

ferriviarius, ferriviaria, ferriviarium relating to trains

ferus, fera, ferum wild

fervens, (gen.), ferventis boiling

ferveo, fervere, ferbui boil, seethe

fessus, fessa, fessum tired

festino, festinare, festinavi, festinatus hasten

fidelis, fidele, fidelior, fidelissimus faithful

fido, fidere, fisus trust

fiducia, fiduciae, f. trust, confidence

figo, figere, fixi, fixus fix, fasten

filia, filiae, f. daughter

filius, fili, m. son

fingo, fingere, finxi, fictus form, imagine

finio, finire, finivi, finitus define, determine

finis, finis, m. end, boundary

fio, feri, factus become, happen, be made, be done

fistula, fistulae, f. pipe, panpipes

flagro, flagrare, flagravi, flagratus blaze, be on fire

flamma, flammae, f. flame

floccus, flocci, m. wisp of wool, flocci facio - consider of no importance

floreo, florere, florui flourish

flos, floris, m. flower

flumen, fluminis, n. river

fluo, fluere, fluxi, fluxus flow

fluvius, fluvi(i), m. river

fodio, fodere, fodi, fossus dig

foedus, foeda, foedior, foedissimus foul, horrible

folium, foli(i), n. leaf

fons, fontis, m. spring, source

for, fari, fatus speak

foras, *adv.* outside (motion)

foris, *adv.* outside (location)

forma, formae, *f.* form, beauty

formosus, formosa, formosior, formosissimus beautiful

forsitan, *adv.* perhaps

fortasse, *adv.* perhaps

forte, *adv.* by chance

fortis, forte, fortior, fortissimus strong

fortuitus, fortuita, fortuitum fortuitous

fortuna, fortunae, *f.* fortune

fortunatus, fortunata, fortunatior, fortunatissimus fortunate

forum, fori, *n.* market, forum

frater, fratris, *m.* brother

fremitus, fremitus, *m.* loud noise

frequens, frequentis, frequentior, frequentissimus frequent, crowded

frequentia, frequentiae, *f.* crowd

frequento, frequentare, frequentavi, frequentatus frequent

frigidarium, frigidarii, *n.* refrigerator

frons, frontis, *f.* front, brow

fruor, frui, fructus enjoy

frustra, *adv.* in vain

frustum, frusti, *n.* piece

fugio, fugere, fugi, fugitus flee

fulcio, fulcire, fulsi, fultus prop up, support

fulgeo, fulgere, fulsi shine, glitter

fumo, fumare, fumavi smoke

fundamentum, fundamenti, *n.* foundation

funditus, *adv.* completely

fundo, fundere, fudi, fusus pour

fungor, fungi, functus perform, execute

futurus, futura, futurum future

gallinaceus, gallinacea, gallinaceum of/belonging to poultry

garum, gari, *n.* garum, fish sauce

gaudeo, gaudere, gavisus rejoice

gaudium, gaudi(i), *n.* joy

genetivus, genetiva, genetivum genitive

genetrix, genetricis, *f.* mother

genitor, genitoris, *m.* father

gens, gentis, *f.* people

genuinus, genuina, genuinum genuine

genus, generis, *n.* kind, type

geographicus, geographica, geographicum geographical

gero, gerere, gessi, gestus bear, wear, wage

gesto, gestare, gestavi, gestatus carry

gestus, gestus, *m.* gesture

gigas, gigantis, *m.* giant

gladiator, gladiatoris, *m.* gladiator

gladiatorius, gladiatoria, gladiatorium gladiatorial

gladius, gladii, *m.* sword

globalis, globalis, globale global

gloria, gloriae, *f.* glory

gradatim, *adv.* step by step, gradually

gradus, gradus, *m.* step

gramen, graminis, *n.* grass

grammaticus, grammatica, grammaticum grammatical, of grammar

grandis, grandis, grande great

graphium, graphi(i), *n.* stylus, pen

gratia, gratiae, *f.* favor, goodwill, thanks

gratiosus, gratiosa, gratiosum kind

gratis, *adv.* for free

gratulor, gratulari, gratulatus congratulate

gratus, grata, gratior, gratissimus pleasing

gravis, grave, gravior, gravissimus heavy, serious

grex, gregis, *m.* flock, group

gubernator, gubernatoris, *m.* pilot

gurges, gurgitis, *m.* whirlpool

gusto, gustare, gustavi, gustatus taste

gustus, gustus, *m.* taste

gymnasium, gymnasii, *n.* secondary school

habeo, habere, habui, habitus have, hold, consider

habitabilis, habitabilis, habitabile habitable

habito, habitare, habitavi, habitatus inhabit

haesito, haesitare, haesitavi, haesitatus hesitate

hamus, hami, *m.* hook

haud, *adv.* hardly

haurio, haurire, hausi, haustus draw, drink

hebdomas, hebdomadis, *f.* week

hedera, hederae, *f.* ivy

hereditas, hereditatis, *f.* inheritance

heri, *adv.* yesterday

heroicus, heroica, heroicum heroic

heros, herois, *m.* hero

hesternus, hesterna, hesternum of yesterday

hic, haec, hoc this

hinc hence

hirsutus, hirsuta, hirsutum hairy, shaggy

historia, historiae, *f.* history

historicus, historica, historicum historic

hodie, *adv.* today

hodiernus, hodierna, hodiernum of today

holus, holeris, *n.* vegetables

homo, hominis, *m.* man

homunculus, homunculi, *m.* little man

honor, honoris, *m.* honor

hora, horae, *f.* hour

horologium, horologi(i), *n.* clock

horrendus, horrenda, horrendum terrible, dreadful

horribilis, horribile, horribilior, horribilissimus horrible

hortor, hortari, hortatus encourage, exhort

hortus, horti, *m.* garden

hospes, hospitis, *m.* guest, host

hostis, hostis, *m.* enemy

huc hither

humanitas, humanitatis, *f.* human nature, humanity, culture

humanus, humana, humanior, humanissimus human

ibi, *adv.* there

idem, eadem, idem the same

igitur therefore

ignarus, ignara, ignarum ignorant

ignavus, ignava, ignavior, ignavissimus lazy

ignis, ignis, *m.* fire

ignitabulum, ignitabuli lighter

ignobilis, ignobilis, ignobile ignoble

ignoro, ignorare, ignoravi, ignoratus ignore, not know

ignosco, ignoscere, ignovi, ignotus forgive, pardon

ignotus, ignota, ignotum unkown

ille, illa, illud that

illic, *adv.* there

illicitus, illicita, illicitum illicit

illuc, *adv.* thither

illustris, illustre, illustrior, illustrissimus bright

imago, imaginis, *f.* image

imbuo, imbuere, imbui, imbutus imbue, steep

immensus, immensa, immensum huge

immergo, immergere, immersi, immersus plunge

immineo, imminere threaten

immitis, immite, immitior, immitissimus harsh, unkind

immitto, immittere, immisi, immissus send in

immo on the contrary

immodicus, immodica, immodicum immoderate

immortalis, immortalis, immortale immortal

immortalitas, immortalitatis, *f.* immortality

immundus, immunda, immundum dirty, not clean

immunitas, immunitatis, *f.* immunity

impedio, impedire, impedivi, impeditus impede

imperator, imperatoris, *m.* emperor, ruler, director

imperfectus, imperfecta, imperfectum incomplete

imperitus, imperita, imperitum unskilled

imperium, imperi(i), *n.* command, authority, empire

impero, imperare, imperavi, imperatus order

impingo, impingere, impegi, impactus thrust, strike or dash against

impleo, implere, implevi, impletus fill

implexus, implexa, implexum involved, entwined

implicite intricately

impono, imponere, imposui, impositus impose, place on

improbus, improba, improbum immoral

impurus, impura, impurum unclean, impure

imus, ima, imum deepest

in + abl., *praep.* in

in + acc., *praep.* into

inauditus, inaudita, inauditum unheard of

incendium, incendi(i), *n.* fire

incendo, incendere, incendi, incensus kindle, inflame, inspire

incensus, incensa, incensior, incensissimus inflamed

inceptum, incepti, *n.* beginning, undertaking

incido, incidere, incidi, incasus fall in with, meet, assail

incipio, incipere, incepi, inceptus begin

inclino, inclinare, inclinavi, inclinatus incline

includo, includere, inclusi, inclusus imprison, include

incola, incolae, *m.* inhabitant

indago, indagare, indagavi, indagatus investigate, explore

inde, *adv.* thence

independentia, independentiae, *f.* independence

index, indicis, *m.* sign, list

indicativus, indicativa, indicativum indicative

indico, indicare, indicavi, indicatus indicate

indoctus, indocta, indoctum unlearned

induo, induere, indui, indutus put on

industrius, industria, industrior, industrissimus industrious

inebrio, inebriare, inebriavi, inebriatus make drunk, inebriate

ineo, inire, inivi(ii), initus enter

ineptio, ineptire act foolishly

ineptus, inepta, ineptum silly

iners, inertis, inertior, inertissimus sluggish, lazy

infantia, infantiae, *f.* infancy, inability to speak

inferus, inferi, *m.* those below (pl.), the dead

infinitus, infinita, infinitum infinite

inflammo, inflammare, inflammavi, inflammatus inflame

ingeniosus, ingeniosa, ingeniosior, ingeniosissimus clever

ingenium, ingeni(i), *n.* nature, natural disposition/capacity, character, talent

ingens, ingentis, ingentior, ingentissimus huge

ingredior, ingredi, ingressus enter, walk in

inhibeo, inhibere, inhibui, inhibitus restrain, check

inicio, inicere, inieci, iniectus throw in, inject

inimicus, inimica, inimicior, inimicissimus unfriendly

initium, initi(i), *n.* beginning

innumerus, innumera, innumerum innumerable

insanus, insana, insanior, insanissimus insane

inscendo, inscendere, inscendi, inscensus ascend

inscribo, inscribere, inscripsi, inscriptus inscribe

inscriptio, inscriptionis, f. inscription

insolitus, insolita, insolitum unaccustomed

inspicio, inspicere, inspexi, inspectus inspect

inspiro, inspirare, inspiravi, inspiratus inspire

instar, undeclined like (with genitive)

instituo, instituere, institui, institutus instruct

institutum, instituti, n. custom, institution, institute, habit, plan

instrumentum, instrumenti, n. instrument, tool

instruo, instruere, instruxi, instructus construct

insula, insulae, f. island, apartment house

insulsus, insulsa, insulsum boring, stupid

insuper, adv. above, on top, in addition (to), over

intellego, intellegere, intellexi, intellectus understand

inter, praep. between, among, during

interdum, adv. sometimes

interea, adv. meanwhile

interim, adv. meanwhile

interpretor, interpretari, interpretatus interpret

interrete, interretis, n. Internet

interretialis, interretialis, interretiale Internet-derived

interrogo, interrogare, interrogavi, interrogatus ask

interrumpo, interrumpere, interrupi, interruptus interrupt

intersum, interesse, interfui, interfuturus take part in, be different

intervallum, intervalli, n. interval

intolerabilis, intolerabilis, intolerabile intolerable

intro, intrare, intravi, intratus enter

introeo, introire, introivi(ii), introitus enter

introitus, introitus entrance

inundo, inundare, inundavi, inundatus inundate, flood

inutilis, inutilis, inutile useless

invenio, invenire, inveni, inventus find

inventor, inventoris, m. inventor

investigo, investigare, investigavi, investigatus investigate

invideo, invidere, invidi, invisus envy

invidia, invidiae, f. envy

invisus, invisa, invisum hateful

invito, invitare, invitavi, invitatus invite

invitus, invita, invitum unwilling

Io ho! hurrah!

ira, irae, f. anger

irascor, irasci, iratus be angry, become angry

ironia, ironiae, f. irony

isicium, isicii, n. dish of minced meat

ita, adv. thus

Italicus, Italica, Italicum Italian

Italice, *adv.* in Italian

Italus, Itala, Italum Italian

itaque, *adv.* and so, therefore

item, *adv.* likewise

iter, itineris, *n.* journey

iterum, *adv.* again

iacio, iacere, ieci, iactus throw

iam now, already

ianua, ianuae, *f.* door

ientaculum, ientaculi, *n.* breakfast

iento, ientare, ientavi, ientatus breakfast

iocor, iocarii, iocatus joke, jest, say in jest, make merry

iocosus, iocosa, iocosum funny

iocus, ioci, *m.* joke

iubeo, iubere, iussi, iussus order

iucunditas, iucunditatis, *f.* pleasantness

iuro, iurare, iuravi, iuratus swear

iustus, iusta, iustior, iustissimus just

iuvenis, iuvenis, *m.* young man

iuvo, iuvare, iuvi, iutus help

iuxta, *adv./praep.* near

iacto, iactare, iactavi, iactatus throw, cast

iudex, iudicis, *m.* judge

iudico, iudicare, iudicavi, iudicatus judge

ius, iuris, *n.* right, law

iustitia, iustitiae, *f.* justice

labor, labi, lapsus slip

labor, laboris, *m.* work

laboratorium, laboratorii, *n.* laboratory

laboro, laborare, laboravi, laboratus work, suffer

lac, lactis, *n.* milk

lacertosus, lacertosa, lacertosum muscular, brawny

lacrima, lacrimae, *f.* tear

lacrimo, lacrimare, lacrimavi, lacrimatus weep

lacus, lacus, *m.* lake

laetitia, laetitiae, *f.* hapiness

laetor, laetari, laetatus be happy

laetus, laeta, laetior, laetissimus happy

lamentor, lamentari, lamentatus lament

lapis, lapidis, *m.* stone

Lar, Laris, *m.* Lares, (usu. pl.), tutelary god/gods of home

lardum, lardi, *n.* lard, bacon

lapis, lapidis, *m.* stone

lateo, latere, latui lie hidden

latus, lata, latior, latissimus wide, broad

latus, lateris, *n.* side

laudo, laudare, laudavi, laudatus praise

laureatus, laureata, laureatum made of laurel

laus, laudis, *f.* praise

lautus, lauta, lautior, lautissimus elegant, clean

lavo, lavare, lavi, lautus wash

lectica, lecticae, *f.* litter

lectio, lectionis, *f.* reading, lesson

lector, lectoris, *m.* reader

lectulus, lectuli, *m.* little bed

lectus, lecti, *m.* bed, couch

legatus, legati, *m.* legate, deputy

lego, legere, legi, lectus read, gather

lemur, lemuris, *m.* shade, ghost

lentus, lenta, lentior, lentissimus slow

leo, leonis, *m.* lion

lepidus, lepida, lepidior, lepidissimus charming, elegant

levo, levare, levavi, levatus lift up, raise

lex, legis, *f.* law

lexicalis, lexicalis, lexicale dictionary-related

lexicon, lexici, *n.* lexicon

libellus, libelli, *m.* little book

libenter, libentius, libentissime willingly, gladly, with pleasure

liber, libera, liberior, liberrimus free

liber, libri, *m.* book

liberalis, liberalis, liberale liberal, free

liberator, liberatoris, *m.* emancipator, liberator

liberi, liberorum, *m.* children

libertas, libertatis, *f.* freedom

libertus, liberti, *m.* freedman, emancipated slave

libet, libere, libuit, libitus it pleases

libido, libidinis, *f.* pleasure, lust

licet, licere, licuit, licitus it is permitted

lignum, ligni, *n.* wood

linea, lineae, *f.* line

lingua, linguae, *f.* tongue, language

lis, litis, *f.* lawsuit, quarrel

littera, litterae, *f.* letter (alphabet), (pl.) letter, epistle, literature, books

litus, litoris, *n.* shore

loco, locare, locavi, locatus place, arrange, contract for

locus, loci, *m.* place

longe, longius, longissime, *adv.* far off

longinquus, longinqua, longinquior, longinquissimus far off, remote

longus, longa, longior, longissimus long

loquor, loqui, locutus speak

luceo, lucere, luxi shine, be bright

ludo, ludere, lusi, lusus play

ludus, ludi, *m.* game, school

luna, lunae, *f.* moon

lupus, lupi, *m.* wolf

lustro, lustrare, lustravi, lustratus traverse, survey

lux, lucis, *f.* light

macellum, macelli, *n.* market

machinor, machinari, machinatus devise, plot

macto, mactare, mactavi, mactatus slaughter, sacrifice

madidus, madida, madidum moist, wet

magis, *adv.* more

magister, magistri, *m.* teacher

magistra, magistrae, *f.* instructress

magnificentia, magnificentiae, *f.* greatness, magnificence

magnificus, magnifica, magnificentior, magnificentissimus magnificent

magnitudo, magnitudinis, *m.*   size, magnitude

magnus, magna, maior, maximus large

male, peius, pessime   badly

malo, malle, malui   prefer

malus, mala, peior   bad

mane, *adv./n.*   in the morning, morning

maneo, manere, mansi, mansus remain

manifestus, manifesta, manifestior, manifestissimus manifest, clear

mano, manare, manavi, manatus flow, drip

mansuesco, mansuescere, mansuevi, mansuetus   tame, become tame

mansuetus, mansueta, mansuetum tame, gentle

manus, manus, *f.*   hand

mare, maris, *n.*   sea

marinus, marina, marinum relating to the sea

marmor, marmoris, *n.*   marble

marmoreus, marmorea, marmoreum   of marble

mater, matris, *m.*   mother

materia, materiae, *f.*   materials, timber

maternus, materna, maternum maternal

mathematica, mathematicae mathematics

mathematicus, mathematica, mathematicum   mathematical

maxime, *adv.*   especially

maximus, maxima, maximum greatest

medeor, mederi   heal, cure

medica, medicae, *m.*   doctor

medicamentum, medicamenti remedy

medius, media, medium   middle, in the middle

medulla, medullae, *m.*   marrow, kernel, innermost part, quintessence

mehercle   by Hercules!

mel, mellis, *n.*   honey

mellitus, mellita, mellitum   honey-sweet

memini, meminisse   remember

memoria, memoriae, *f.*   memory

mendacium, mendaci(i), *n.*   lie

mendax, (gen.), mendacis   lying, liar

mens, mentis, *f.*   mind

mensa, mensae, *f.*   table

mensis, mensis, *m.*   month

mentio, mentionis, *f.*   mention

mentior, mentiri, mentitus   lie

mercator, mercatoris, *m.*   trader, merchant

mercatus, mercatus, *m.*   market

merenda, merendae, *f.*   snack

mereo, merere, merui, meritus earn, merit, deserve

meridies, meridiei, *m.*   noon, midday

meritum, meriti, *n.*   merit, reward, service

merx, mercis, *f.*   wares, merchandise

metuo, metuere, metui fear

meus, mea, meum my

mico, micare, micui vibrate, twinkle, glitter

milies one thousand times

mille, millesimus, milleni, milie(n)s one thousand

millennium, millennii, *n.* millennium

minuo, minuere, minui, minutus less, reduce

minutiae, minutiarum trifles, insignificant matters

mirabilis, mirabilis, mirabile amazing

miror, mirari, miratus wonder

mirus, mira, mirum wonderful

misceo, miscere, miscui, mixtus mix

miser, misera, miserior, miserrimus poor

misereor, misereri, miseritus pity

miseror, miserari, miseratus pity

mitigo, mitigare, mitigavi, mitigatus mitigate, soften

mitto, mittere, misi, missus send

modernus, moderna, modernum modern

moderor, moderari, moderatus guide, control

modo only

modus, modi, *m.* manner, limit

molestus, molesta, molestior, molestissimus troublesome

momentum, momenti, *n.* moment, importance, influence

monachus, monachi, *m.* monk

moneo, monere, monui, monitus advise, teach

mons, montis, *m.* mountain

monstro, monstrare, monstravi, monstratus show

monstrum, monstri, *n.* omen, portent, monster

monumentum, monumenti, *n.* monument, reminder

mora, morae, *f.* delay

morbus, morbi, *m.* sickness

mordeo, mordere, momordi, morsus bite

morior, mori, mortus die

moror, morari, moratus delay

mors, mortis, *f.* death

mortalis, mortalis, mortale mortal

mortuus, mortua, mortuum dead

mos, moris, *m.* custom, habit, character (pl.)

motus, motus, *m.* movement

moveo, movere, movi, motus move

mox, *adv.* soon

mugio, mugire, mugivi, mugitus bellow, moo

mugitus, mugitus, *m.* bellowing, mooing

multitudo, multitudinis, *f.* great number, multitude

multum, plus, plurimum much

mundus, mundi, *m.* universe, world

murmur, murmuris, *n.* rumbling, murmur

musa, musae, *f.* muse

musica, musicae, *f.* music

GLOSSARY

muto, mutare, mutavi, mutatus change

mystax, mystacis, *m.* moustache

nam for

naris, naris, *f.* nostril, nose

narratiuncula, narratiunculae, *f.* short narrative

narro, narrare, narravi, narratus tell, narrate

nascor, nasci, natus be born

nationalis, nationalis, nationale national

nato, natare, natavi, natatus swim

natura, naturae, *f.* nature

naturalis, naturalis, naturale natural

navicula, naviculae, *f.* small ship

navigo, navigare, navigavi, navigatus sail, navigate

navis, navis, *f.* ship

necessarius, necessaria, necessarium necessary

necesse, undeclined necessary

necessitas, necessitatis, *m.* necessity

necessitudo, necessitudinis, *m.* obligation, bond

necnon and also

neco, necare, necavi, necatus kill

necopinatus, necopinata, necopinatum unexpected

nedum much less

neglego, neglegere, neglexi, neglectus neglect

nego, negare, negavi, negatus deny, say not

negotium, negoti(i), *n.* trouble, work

nemo, neminis, *m.* no one

nempe namely

neologismus, neologismi, *m.* neologism

nequaquam, *adv.* by no means

neque not

nescio, nescire, nescivi, nescitus not know

ni unless

niger, nigra, nigrum black

nihil, nil nothing, not at all

nihilominus nevertheless

nihilum, nihili nothing

nimis too much

nisi if not, unless, except

nitidus, nitida, nitidum shining

no, nare, navi swim

noceo, nocere, nocui, nocitus harm (+dat.)

noctu, *adv.* by night

nolo, nolle, nolui be unwilling

nomen, nominis, *n.* name

nomino, nominare, nominavi, nominatus name

non no, not

nondum not yet

nonnullus, nonnulla, nonnullum some, several

norma, normae, *f.* standard, norm, pattern, rule

nosco, noscere, novi, notus learn, know (perfect)

notitia, notitiae, *f.* knowledge, acquaintance

novus, nova, novior, novissimus new

nox, noctis, f. night

nugae, nugarum, f. nonsense

nugor, nugari, nugatus talk nonsense

nullus, nulla, nullum no, none

numerus, numeri, m. number

nummus, nummi, m. coin

numquam never

nunc now

nuntio, nuntiare, nuntiavi, nuntiatus announce

nuntium, nunti(i), n. message

nuntius, nunti(i), m. messenger

nuper, nuperrime recently

nusquam nowhere

nutrio, nutrire, nutrivi, nutritus nourish

nympha, nymphae, f. nymph

ob on account of

obdormisco, obdormiscere fall asleep

obeliscus, obelisci, m. obelisk

obeo, obire, obivi(ii), obitus die

obiter on the way, in passing

obitus, obitus, m. death

obliviscor, oblivisci, oblitus forget

obruo, obruere, obrui, obrutus cover, bury

obsecro, obsecrare, obsecravi, obsecratus beg, entreat

obsono, obsonare, obsonavi, obsonatus go grocery shopping

obstupefacio, obstupefacere, obstupefeci, obstupefactus amaze, astonish

obtusus, obtusa, obtusum blunt, dull, obtuse

occasio, occasionis, f. occasion, opportunity

occido, occidere, occidi, occasus fall, die

occido, occidere, occidi, occisus kill

occludo, occludere, occlusi, occlusus shut up

oceanus, oceani, m. ocean

octoginta, octogesimus, octogeni, octogie(n)s eighty

oculus, oculi, m. eye

odi, odisse, osus hate

odium, odi(i), n. hate

octoginta, octogesimus, octogeni, octogie(n)s eighty

odoratus, odorata, odoratum smelling, odorous

offendo, offendere, offendi, offensus offend, strike against, meet

offero, offerre, obtuli, oblatus offer

officium, offici(i), n. duty

oleo, olere, olui smell

oleum, olei, n. oil

olim once, formerly

omnino entirely

omnis, omnis, omne each, every, all

onerosus, onerosa, onerosum onerous

opera, operae, f. work

operio, operire, operui, opertum cover, hide

operosus, operosa, operosum industrious, laborious

GLOSSARY

opinio, opinionis, f. opinion

oportet, oportere, oportuit it is right, it is becoming

oppidum, oppidi, n. town

opportunus, opportuna, opportunior, opportunissimus suitable, fit

opprimo, opprimere, oppressi, oppressus subdue, oppress

ops, opis, f. power, wealth, help

optatus, optata, optatior, optatissimus desired, wished for

opto, optare, optavi, optatus wish, want, choose

opulentus, opulenta, opulentior, opulentissimus sumptuous, opulent

opus, operis, n. work

oratio, orationis, f. speech, oration

orator, oratoris, m. orator

orbis, orbis, m. circle, world (orbis terrarum)

ordo, ordinis, m. row, order

orientalis, orientalis, orientale eastern

origo, originis, f. origin

orior, oriri, ortus rise, emerge

ornamentum, ornamenti, n. ornament

ornatus, ornata, ornatior, ornatissimus well equipped, decorated

orno, ornare, ornavi, ornatus adorn, equipped

oro, orare, oravi, oratus beg, beseech, pray

os, oris, n. mouth

osculor, osculari, osculatus kiss

osculum, osculi, n. kiss

ostendo, ostendere, ostendi, ostensus show

ostium, osti(i), n. door

otium, oti(i), n. leisure

ovis, ovis, f. sheep

ovum, ovi, n. egg

paene nearly, almost

paenitet, paenitere, paenituit it repents, it displeases

pagina, paginae, f. page

palus, paludis, f. swamp, marsh

paluster, palustris, palustre swampy, marshy

panis, panis, m. bread

pantopolium, pantopolii, n. supermarket

Papa, Papae, m. pope

parasitus, parasiti, m. parasite

paratus, parata, paratior, paratissimus prepared, ready

parco, parcere, peperci, parsus spare (with dative)

parens, parentis, m./f. parent

pareo, parere, parui, paritus obey

paries, parietis, m. wall

pario, parere, peperi, partus give birth to

paro, parare, paravi, paratus prepare

pars, partis, f. part

parum too little

parvulus, parvula, parvulum very small

parvus, parva, minor, minimus small

passivus, passiva, passivum passive

passus, passus, *m.* step

pastor, pastoris, *m.* shepherd

pateo, patere, patui be open, lie open

pater, patris, *m.* father

patior, pati, passus suffer, endure, allow

patria, patriae, *f.* homeland, fatherland

patrius, patria, patrium paternal

pauci, paucae, pauce few

paululum, paululi a little bit

pax, pacis, *f.* peace

pectus, pectoris, *n.* heart

pecunia, pecuniae, *f.* money

pecus, pecoris, *n.* cattle, herd

pedeplanum, pedeplani, *n.* ground floor

pedetemptim, *adv.* step-by-step

pedifollium, pedifollii, *n.* soccer

pendeo, pendere, pependi hang, depend

penetro, penetrare, penetravi, penetratus penetrate

penitus, *adv.* thoroughly

penna, pennae, *f.* feather

pensum, pensi, *n.* task, homework

penuria, penuriae, *f.* want, need, scarcity

per, *praep.* through

pera, perae, *f.* wallet, bag

perduellis, perduellis, *m.* enemy

peregre, *adv.* abroad

peregrinator, peregrinatoris, *m.* traveler

peregrinor, peregrinari, peregrinatus travel

perendie, *adv.* day after tomorrow,

pereo, perire, perivi(ii), peritus die, perish

perfectus, perfecta, perfectum perfect

perficio, perficere, perfeci, perfectus complete, finish

perfidia, perfidiae, *f.* treachery, perfidy

perfidus, perfida, perfidum faithless

pergo, pergere, perrexi, perrectus go on, continue

periculosus, periculosa, periculosior, periculosissimus dangerous

periculum, periculi, n. danger

peritia, peritiae, *f.* skill, knowledge, expertise

perlego, perlegere, perlegi, perlectus read throughpermulceo, permulcere, permulsi, permulsus stroke, soothe

perna, pernae, *f.* ham

pernicies, perniciei, *f.* ruin, disaster

pernocto, pernoctare, pernoctavi, pernoctatus spend the night

perperam, *adv.* wrongly, incorrectly

perpetuus, perpetua, perpetuum perpetual, continual

perplexus, perplexa, perplexum

confused

persona, personae, *f.* mask, character, part

personificatio, personificationis, *f.* personification

perspicuus, perspicua, perspicuum transparent, clear, evident

persuadeo, persuadere, persuasi, persuasus persuade, convince (with dat.)

pertineo, pertinere, pertinui, pertentus pertain

pervenio, pervenire, perveni, perventus arrive, reach

pes, pedis, *m.* foot

peto, petere, petivi, petitus attack, beg, ask

philosophia, philosophiae, *f.* philosophy

philosophor, philosophari, philosophatus philosophize,

philosophus, philosophi, *m.* philosopher

photographicus, photographica, photographicum photographic

physica, physicae, *f.* physics

pictura, picturae, *f.* painting, picture

pietas, pietatis, f. piety

piger, pigra, pigrum lazy, sluggish

pinacotheca, pinacothecae, f. painting gallery

pingo, pingere, pinxi, pictus paint

pinguis, pingue, pinguior, pinguissimus fat

piper, piperis, *n.* pepper

piscina, piscinae, *f.* pool

piscis, piscis, *m.* fish

pius, pia, piissimus pious

placatus, placata, placatum peaceful, placated

placenta, placentae, *f.* cake

placet, placere, -, placitus it is pleasing

placo, placare, placavi, placatus placate

planeta, planetae, *m.* planet

planus, plana, planior, planissimus level

platea, plateae, *f.* city square, piazza

plenus, plena, plenior, plenissimus full, plump

plerumque, *adv.* generally

plus, (gen.), pluris more

poculum, poculi, *n.* cup, bowel

poema, poematis, *n.* poem

poeta, poetae, *f.* poet

pollex, pollicis, *m.* thumb

polliceor, polliceri, pollicitus promise

polluo, polluere, pollui, pollutus pollute, defile, sully

pomum, pomi, *n.* fruit, apple

pondus, ponderis, *n.* weight

pono, ponere, posui, positus place, put

pons, pontis, *m.* bridge

pontifex, pontificis, *m.* high-priest, pontiff, pope

pontificatus, pontificatus, *m.* papacy

popina, popinae, *f.* restaurant

popularis, popularis, populare of the people, popular

populus, populi, *m.* people

porcus, porci, *m.* pig, piglet

porrigo, porrigere, porrexi, porrectus stretch out, extend

porro, *adv.* further

porticus, porticus, *f.* colonnade, portico

portus, portus, *m.* port

possum, posse, potui be able

post, *adv./praep.* behind, afterwards, after

postea, *adv.* afterwards

posterus, postera, posterior, postremus coming after, future

postquam, *conj.* after

postremo, *adv.* finally

postridie, *adv.* on the following day

potens, potentis, potentior, potentissimus powerful, able

potio, potionis, *f.* drinking, drink

potius, *adv.* rather

praebeo, praebere, praebui, praebitus offer, furnish, show

praecipue, *adv.* especially

praecipuus, praecipua, praecipuum particular, especial

praeditus, praedita, praeditum gifted, provided with

praefero, praeferre, praetuli, praelatus prefer

praemium, praemi(i), *n.* reward

praeparo, praeparare, praeparavi, praeparatus prepare

praesagio, praesagire, praesagivi have presentiment (of), portend

praesens, (gen.), praesentis present

praesentio, praesentire, praesensi, praesensus feel or perceive beforehand, have a presentiment of

praesertim, *adv.* especially

praeses, praesidis, *m.* president

praestans, praestantis, praestantior, praestantissimus excellent

praeter, *praep.* except, besides, beyond

praeterea, *adv.* besides, thereafter, in addition

praetereo, praeterire, praeterivi(ii), praeteritus pass by, go by

praeteritus, praeterita, praeteritum past

prandium, prandi(i), *m.* lunch

pravus, prava, pravum bad

precor, precari, precatus pray

pretiosus, pretiosa, pretiosior, pretiosissimus expensive

pretium, preti(i), *n.* price

prex, precis, *f.* prayer, request

primum, *adv.* at first

primus, prima, primum first

prior, prior, prius previous, preceding

priusquam, *conj.* before

pro, *praep.* for, on behalf of, in exchange for

probatio, probationis, *f.* test, examination

problema, problematis, *n.* problem

procul, *adv.* at a distance

proditor, proditoris, *m.* traitor

profero, proferre, protuli, prolatus defer, bring forward

proficiscor, proficisci, profectus set out

profiteor, profiteri, professus declare, profess

programma, programmatis, *n.* program

progredior, progredi, progressus go forth, progress

proles, prolis, *f.* offspring, progeny

promitto, promittere, promisi, promissus promise

promo, promere, prompsi, promptus take forth

prope, *adv./praep* near

propero, properare, properavi, properatus hurry

propono, proponere, proposui, propositus display, propose, put forth

propositum, propositi, *n.* intention, purpose

prorsus, *adv.* utterly

prospectus, prospectus, *m.* view, prospect

proveho, provehere, provexi, provectus carry forward, advance

publicus, publica, publicum pubic

pudet, pudere, puditus it shames

puella, puellae, *f.* girl

puer, pueri, *m.* boy

pugil, pugilis, *m.* boxer

pugio, pugionis, *f.* dagger

pugno, pugnare, pugnavi, pugnatus fight

pugnus, pugni, *m.* fist

pulchellus, pulchella, pulchellum pretty

pulcher, pulchra, pulchrior, pulcherrimus beautiful

pulchritudo, pulchritudinis, *f.* beauty

pulso, pulsare, pulsavi, pulsatus beat

pulverulentus, pulverulenta, pulverulentum dusty

punctum, puncti, *n.* point

purgo, purgare, purgavi, purgatus clean

purpureus, purpurea, purpureum purple

pusio, pusionis, *f.* little boy

puto, putare, putavi, putatus think

quadratus, quadrata, quadratum squared

quadriga, quadrigae, *f.* team of four horses

quadrivium, quadrivii, *n.* crossroads

quaero, quaerere, quaesivi, quaesitus search for, seek

quaeso, quaesere beg, ask for

quaestio, quaestionis, *f.* questioning

quamquam, *conj.* although

quando when, since, because

quare why, wherefore, therefore, hence

quasi as if, just as if, about

que, *conj.* and

quia, *conj.* because

quidem indeed

quidni why not

quies, quietis, *f.* rest, quiet

quiesco, quiescere, quievi, quietus

rest, keep quiet

quietus, quieta, quietior, quietissimus quiet

quingenti, quingentesimus, quingeni, quingentie(n)s five hundred

quisquis whoever

quo whither

quoad untilm as far as

quomodo how

quondam once, formerly

quoniam because

quoque also

quot how many

quotiens how often, as often as

radiophonum, radiophoni, *n.* radio

radius, radi(i), *m.* ray, rod

radix, radicis, *f.* root

rado, radere, rasi, rasus shave, scratch

raeda, raedae, *f.* wagon, car

raedarius, raedari(i), *m.* coachman, driver

rancidus, rancida, rancidum rancid, rotten

rapidus, rapida, rapidior, rapidissimus swift, rapid

rapio, rapere, rapui, raptus seize, snatch

raro, *adv.* rarely

rarus, rara, rarior, rarissimus rare, infrequent

raucus, rauca, raucum hoarse

reapse, *adv.* in truth, really

recens, (gen.), recentis recent

recito, recitare, recitavi, recitatus recite

recta (via), *adv.* directly

rectus, recta, rectior, rectissimus right, proper

recuso, recusare, recusavi, recusatus reject, refuse

redeo, redire, redivi, reditus return

redoleo, redolere, redolui emit a scent, be odorous

refero, referre, retuli, relatus report (on), bring back news

refert it is important to, it concerns

refertus, referta, refertior, refertissimus stuffed, full

regimen, regiminis, *n.* guidance, government

regio, regionis, *f.* region

regredior, regredi, regressus go back, return

regula, regulae, *f.* rule

relaxo, relaxare, relaxavi, relaxatus cheer up, relax

relevo, relevare, relevavi, relevatus relieve, alleviate

relinquo, relinquere, reliqui, relictus abandon

reliquiae, reliquiarum, *f.* remains, relics

remaneo, remanere, remansi, remansus remain

remedium, remedi(i), *n.* remedy

remoror, remorari, remoratus delay

remugio, remugire bellow back, moo in return

renascor, renasci, renatus be

born again

renovo, renovare, renovavi, renovatus renew

repraesento, repraesentare, repraesentavi, repraesentatus represent

requiro, requirere, requisivi, requisitus require, seek, ask for, need

res, rei, *f.* thing

resido, residere, residi settle

respiro, respirare, respiravi, respiratus take breath

respondeo, respondere, respondi, responsus answer, respond

restauro, restaurare, restauravi, restauratus restore

resto, restare, restiti be left, remain

resurgo, resurgere, resurrexi, resurrectus rise again, resurrect

rete, retis, *n.* net

retro, *adv.* backwards

retrorsum, *adv.* backwards

revenio, revenire, reveni, reventus come back, return

revertor, reverti, reversus turn back, go back, return

rex, regis, *m.* king

rideo, ridere, risi, risus laugh at, laugh

rima, rimae, *f.* crack

rimor, rimari, rimatus probe, search, examine

ripa, ripae, *f.* bank

risus, risus, *m.* laughter

rixa, rixae, *f.* brawl, dispute

robustus, robusta, robustior,

robustissimus sturdy, strong, robust

rogo, rogare, rogavi, rogatus ask

rogus, rogi, *m.* pyre

rostrum, rostri, *n.* speaker's platform

ruber, rubra, rubrum red

rudus, ruderis, *n.* old rubbish

ruina, ruinae, *f.* ruin, fall, distruction

rumor, rumoris, *m.* rumor

rusticitas, rusticitatis, *f.* uncultivated behavior

saccus, sacci, *m.* sack

sacer, sacra, sacrum sacred

sacerdos, sacerdotis, *m.* priest

sacrificium, sacrifici(i), *n.* sacrifice

saeculum, saeculi, *n.* age, generation, century

saepe, saepius, saepissime, *adv.* often

saevus, saeva, saevior, saevissimus cruel

sagax, sagacis acute, sharp

sagitta, sagittae, *f.* arrow

sal, salis, *m.* salt, wit

salio, salire, salivi, saltus jump

salsus, salsa, salsior, salsissimus salted

saltatio, saltationis, *f.* dancing

saltatrix, saltatricis, *f.* dancing girl

saltem, *adv.* at least

salto, saltare, saltavi, saltatus dance

saluto, salutare, salutavi, salutatus greet

salve hello!

salvus, salva, salvum well, safe

sanctus, sancta, sanctior, sanctissimus sacred, holy

sane, *adv.* reasonably, sensibly, certainly, truly, of course

sano, sanare, sanavi, sanatus cure, heal

sanus, sana, sanum sound, healthy

sapidus, sapida, sapidum tasty

sapiens, sapientis, sapientior, sapientissimus rational, wise

sapientia, sapientiae, *f.* wisdom

sapio, sapere, sapivi be wise, taste good

sapo, saponis, *m.* soap

sarcina, sarcinae, *f.* pack, baggage (pl.)

sarcophagus, sarcophagi, *m.* sarcophagus

sat, satis, *adv.* enough, adequate, sufficient, satisfactory

satio, satiare, satiavi, satiatus fill, satisfy

saxeus, saxea, saxeum rocky, stony

saxosus, saxosa, saxosum rocky, stony

saxum, saxi, *n.* stone

scala, scalae, *f.* ladder, stairs

sceleratus, scelerata, sceleratior, sceleratissimus bad, impious, wicked

scelus, sceleris, *n.* crime, sin

schola, scholae, *f.* school, class

scientificus, scientifica, scientificum scientific

scio, scire, scivi(ii), scitus know

scopulus, scopuli, *m.* cliff, crag

scribo, scribere, scripsi, scriptus write

scriptor, scriptoris, *m.* writer

scriptorius, scriptoria, scriptorium writing

scrutor, scrutari, scrutatus search, probe, examine

sculpo, sculpere, sculpsi, sculptus sculpt

sculptor, sculptoris, *m.* sculptor

secludo, secludere, seclusi, seclusus seclude, shut off

secundum, *praep.* according to

secundus, secunda, secundior, secundissimus next, second, favorable

securus, secura, securum free from care, safe, secure

sed, *conj.* but

sedecim, sedecie(n)s sixteen

sedeo, sedere, sedi, sessus sit

sedes, sedis, *f.* seat, home, residence

sedile, sedilis, *n.* seat

sedulus, sedula, sedulum sedulous

sella, sellae, *f.* seat

semihora, semihorae, *f.* half hour

seminudus, seminuda, seminudum half-naked

semisomnus, semisomna, semisomnum half-asleep, drowsy

semper, *adv.* always

sempiternus, sempiterna, sempiternum everlasting, perpetual

senator, senatoris, *m.* senator

GLOSSARY

senatus, senatus, *m.* senate

senesco, senescere, senui grow old, age

senex, senis, *m.* old man,

sensim, *adv.* slowly, gradually, cautiously

sententia, sententiae, *f.* opinion, thought, sentence

sentio, sentire, sensi, sensus feel, perceive

sepelio, sepelire, sepelivi, sepultus bury

septentrionalis, septentrionalis, septentrionale northern

sepulchrum, sepulchri, *n.* tomb

sequor, sequi, secutus follow

serenus, serena, serenum cheerful, tranquil

series, seriei, *f.* row, series

sermo, sermonis, *m.* conversation, language

sermocinor, sermocinari, sermocinatus converse

sero, serius, serissime, *adv.* late

servo, servare, servavi, servatus save

servus, servi, *m.* slave

severus, severa, severior, severissimus severe

si if

sic thus

sicco, siccare, siccavi, siccatus dry

sicut just as

sidus, sideris, *n.* star

sigarellum, sigarelli, *n.* cigarette

sigillum, sigilli, *n.* seal

significatio, significationis, *f.* meaning

significo, significare, significavi, significatus mean

signum, signi, *n.* sign, statue

silentium, silenti(i), *n.* silence

sileo, silere, silui be silent

silva, silvae, *f.* forest

simia, simiae, *f.* monkey

similis, simile, similior, simillimus similar

simplex, (gen.), simplicis single

simul, *adv.* at the same time; simul atque/ac, as soon as

sine, *praep.* without

singularis, singularis, singulare singular, remarkable

singulatim, *adv.* one by one

sinister, sinistra, sinistrior, sinistimus left

sino, sinere, sivi, situs allow

sisto, sistere, stiti, status place, set up, stand

sitio, sitire, sitivi be thirsty

sitis, sitis, *f.* thirst

situs, sita, situm situated

situs, situs, *m.* situation, position, site, disuse, stagnation, mold

societas, societatis, *f.* society, fellowship

socius, soci(i), *m.* companion, fellow

sol, solis, *m.* sun

soleo, solere, solitus be in the habit of, become accustomed to

solidus, solida, solidior, solidissimus firm, solid

solitudo, solitudinis, *f.* solitude,

deprivation, wilderness

sollicitus, sollicita, sollicitum
concerned

solum, *adv.* only

solum, soli, *n.* ground

solus, sola, solum alone

solvo, solvere, solvi, solutus
loosen, free

somnificus, somnifica, somnificum
inducing sleep

**somnio, somniare, somniavi,
somniatus** dream

somnium, somni(i), *n.* dream

somnus, somni, *m.* sleep

sonus, soni, *m.* noise

sopor, soporis, m. sleep

soror, sororis, f. sister

spargo, spargere, sparsi, sparsus
scatter

spatior, spatiari, spatiatus wall,
stroll

spatium, spati(i), *n.* space, place

spectaculum, spectaculi, *n.* show,
sight, spectacle

spectator, spectatoris, *m.* viewer,
spectator

**specto, spectare, spectavi,
spectatus** watch, see

speculum, speculi, *n.* mirror

spelunca, speluncae, f. cave

spero, sperare, speravi, speratus
hope

spes, spei, f. hope

spina, spinae, f. thorn

spira, spirae, f. roll, coil

splendeo, splendere, splendui
shine, be bright

splendidus, splendida, splendidum
splendid

**spondeo, spondere, spepondi,
sponsus** promise

spumosus, spumosa, spumosum
foaming, frothy

statim, *adv.* at once, immediately

statua, statuae, f. statue, image

status, status, *m.* state

stella, stellae, f. star

sterilis, sterilis, sterile barren,
sterile

sterno, sternere, stravi, stratus
spread, cover

stilus, stili, *m.* stylus

stirps, stirpis, f. race

sto, stare, steti, status stand

**stolidus, stolida, stolidior,
stolidissimus** dull, stupid

stragulum, straguli, *n.* covering,
rug, carpet, bedspread, bed-cover

strepitus, strepitus, *m.* noise, din,
uproar

strictus, stricta, strictum tight,
strict, severe

stringo, stringere, strinxi, strictus
draw tight

studeo, studere, studui study
(+dat.)

**studiosus, studiosa, studiosior,
studiosissimus** eager, studious

studium, studi(i), *n.* study

stultus, stulta, stultum stupid,
foolish

**stupefacio, stupefacere,
stupefeci, stupefactus** strike with
amazement, stupefy

suavis, suave, suavior, suavissimus
sweet, agreeable

sub, *praep.* under

subeo, subire, subivi(ii), subitus
go under, endure

subito, *adv.* suddenly,
unexpectedly

**submergo, submergere, submersi,
submersus** submerge

suboles, subolis, *f.* offspring

**subscribo, subscribere, subscripsi,
subscriptus** sign

subsellium, subselli(i), *n.* bench,
seat

subter, *adv.* below, underneath

**subterraneus, subterranea,
subterraneum subterranean**
underground

**succedo, succedere, successi,
successus** succeed in

sudo, sudare, sudavi, sudatus
sweat

sudor, sudoris, *m.* sweat

**sufficio, sufficere, suffeci,
suffectus** suffice

summitas, summitatis, *f.* top,
summit

summus, summa, summum top

sumo, sumere, sumpsi, sumptus
take up, assume

super, *adv./praep.* above, over

**superus, supera, superior,
supremus** above, upper

**supervacaneus, supervacanea,
supervacaneum** redundant,
unnecessary

supinus, supina, supinum lying
face upwards

**suppedito, suppeditare,
suppeditavi, suppeditatus** be in
abundance, supply in abundance

supplicium, supplici(i), *n.* prayer,
entreaty; punishment

supra, *adv./praep.* above, beyond

surgo, surgere, surrexi, surrectus
rise, lift

**surrogo, surrogare, surrogavi,
surrogatus** substitute, replace

**sustineo, sustinere, sustinui,
sustentus** support

synonymum, synonymi, *n.*
synonym

systema, systematis, *n.* system

taberna, tabernae, *f.* tavern

tabula, tabulae, *f.* tablet

tabulatum, tabulati, *n.* floor, story

taceo, tacere, tacui, tacitus be
silent

tacitus, tacita, tacitum silent

taedium, taedi(i), *n.* boredom

taeniola, taeniolae, *f.* movie,
ribbon/film

talis, talis, tale such

tam so much

tamen nevertheless

tametsi even if

tamquam as if

tandem finally

tango, tangere, tetigi, tactus
touch

tantum, *adv.* so much, only

tantummodo, *adv.* only

tantus, tanta, tantum so great, so
much

tardus, tarda, tardior, tardissimus
slow, sluggish

taurus, tauri, *m.* bull

taxiraeda, taxiraedae, *f.*   taxicab

tectorius, tectoria, tectorium   covering; with opus, fresco painting

telephonicus, telephonica, telephonicum   telephonic

telephonum, telephoni, *n.*   telephone

telescopium, telescopii, *n.*   telescope

televisio, televisionis, *f.*   television

televisorium, televisorii, *n.*   television

templum, templi, *n.*   temple

temporalis, temporalis, temporale   temporary

tempus, temporis, *n.*   time

tenebrosus, tenebrosa, tenebrosum   dark, gloomy

teneo, tenere, tenui, tentus   hold

tener, tenera, tenerior, tenerrimus   tender

ter   three times

tero, terere, trivi, tritus   rub, wear out

terra, terrae, *f.*   earth, land

terribilis, terribilis, terribile   frightful, dreadful

terror, terroris, *m.*   fear, dread, terror

tessera, tesserae, *f.*   ticket

testis, testis, *m.*   witness

testudo, testudinis, *f.*   tortoise, tortoise shell; arch, vault

thea, theae, *f.*   tea

theatrum, theatri, *n.*   theater

theoria, theoriae, *f.*   theory

thermae, thermarum, *f.*   baths

thermopolium, thermopolii, *n.*   cafe,

Tiberis, Tiberis, *m.*   Tiber

tigris, tigris, *m./f.*   tiger

timeo, timere, timui   fear

timidus, timida, timidior, timidissimus   fearful, timid

tinnio, tinnire, tinnivi, tinnitus   ring

tinnitus, tinnitus, *m.*   ringing

tintinnabulum, tintinnabuli, *n.*   bell

titubo, titubare, titubavi, titubatus   totter

titulus, tituli, *m.*   title

toga, togae, *f.*   toga

tollo, tollere, sustuli, sublatus   raise up, remove

tormentum, tormenti, *n.*   torture, torment

torqueo, torquere, torsi, tortus   turn, twist, torment

tot   so many

totidem, undeclined   as many

totus, tota, totum   whole, total, entire

tracto, tractare, tractavi, tractatus   draw, drag

trado, tradere, tradidi, traditus   hand over, surrender, deliver, bequeath

tragoedia, tragoediae, *f.*   tragedy

traho, trahere, traxi, tractus   drag

tramen, traminis, *n.*   train

tranquillus, tranquilla, tranquillum   peaceful, tranquil

GLOSSARY

trans, *praep.* across, over

transeo, transire, transivi(ii), transitus go over

transfero, transferre, transtuli, translatus transport, carry across

transformo, transformare, transformavi, transformatus transform

transgredior, transgredi, transgressus go across

trecenti, trecentesimus, treceni, trecentie(n)s three hundred

tredecim, terdecie(n)s thirteen

triarius, triari(i), *m.* third line (pl.) of the early Roman army, the reserves

tribunal, tribunalis, *n.* court, tribunal

trilinguis, trilinguis, trilingue having three tongues

triplex, (gen.), triplicis triple

tristitia, tristitiae, *f.* sadness

tritus, trita, tritum well-trodden, well-worn, common

triumphalis, triumphalis, triumphale triumphal

triumpho, triumphare, triumphavi, triumphatus triumph

triumphus, triumphi, *m.* triumph

truncus, trunci, *m.* trunk

tueor, tueri, tuitus see, protect

tum then, next

tumultus, tumultus, *m.* commotion

tunc then

turba, turbae, *f.* crowd

turris, turris, *f.* tower

ubi where

ubinam where in the world

ubique everywhere

ullus, ulla, ullum any

ultra, *adv./praep.* beyond

ululo, ululare, ululavi, ululatus howl

umbilicus, umbilici, *m.*, navel, middle, center

umbraculum, umbraculi, *n.* shade, umbrella

umerus, umeri, *m.*, upper arm, shoulder

umidus, umida, umidum moist, wet, humid

umquam ever

una, *adv.* together

uncus, unci, *m.* hook

unde whence

undique from all sides, everywhere

unguis, unguis, *m.* nail

ungula, ungulae, *f.* claw, talon

unicus, unica, unicum singular, unique

unio, unionis, *f.* union

universitas, universitatis, *f.* university

universus, universa, universum whole, entire

unus, una, unum one, alone, sole

urbanus, urbana, urbanum of the city, courteous, witty, urbane

urbs, urbis, *f.* city

urgeo, urgere, ursi urge, press

ursus, ursi, *m.* bear

usitatus, usitata, usitatior, usitatissimus customary, familiar

usquam   anywhere

usque   all the way

usus, usus, *m.*   use

utilis, utilis, utile   useful

utinam   if only, would that

utique   certainly, surely

utor, uti, usus   use (+abl)

utrum   whether

uxor, uxoris, *f.*   wife

vacatio, vacationis, *f.*   freedom, exemption, privilege, vacation

vacillo, vacillare, vacillavi, vacillatus   stagger, totter

vacuus, vacua, vacuum   empty, vacant, free from

vagor, vagari, vagatus   wander

valde, valdius, valdissime, *adv.*   very, greatly

valedico, valedicere, valedixi, valedictus   say goodbye

valeo, valere, valui, valitus   be strong, be well

validus, valida, validum   strong

valles, vallis, *f.*   valley

varius, varia, varium   different, various, diverse

vas, vasis, *n.*   vessel, baggage

vehiculum, vehiculi, *n.*   carriage, vehicle

veho, vehere, vexi, vectus   bear, carry

velo, velare, velavi, velatus   cover

velox, velocis, velocior, velocissimus   swift, quick

velum, veli, *n.*   veil

veluti   just as, as if

venalis, venalis, venale   for sale

venatio, venationis, *f.*   hunting

vendo, vendere, vendidi, venditus   sell

veneo, venire, venivi(ii), venitus   be sold

venia, veniae, *f.*   favor, kindness, pardon

venio, venire, veni, ventus   come

ventus, venti, *m.*   wind

venus, venus, *m.*   sale

ver, veris, *n.*   spring

verbatim, *adv.*   literally, word to word

verbum, verbi, *n.*   word

vereor, vereri, veritus   revere, respect, fear, dread

veritas, veritatis, *f.*   truth

vernalis, vernale   belonging to spring

vero   in truth, certainly, truly, to be sure, however

versor, versari, versatus   move about, live, dwell, be

versus, versus, *m.*   line, verse

versutus, versuta, versutum   clever, crafty

verto, vertere, verti, versus   turn

verus, vera, verior, verissimus   true, real

vesica, vesicae, *f.*   bladder

vesper, vesperis/i, *m.*   evening

vestiarium, vestiari(i), *n.*   wardrobe

vestigium, vestigi(i), *n.*   footprint, track, trace

vestimentum, vestimenti   garment

vestio, vestire, vestivi, vestitus   clothes

GLOSSARY

vestis, vestis, _f._ clothes, attire

vetus, veteris, veterior, veterrimus old

vetustus, vetusta, vetustior, vetustissimus old

vexillum, vexilli, _n._ flag

via, viae, _f._ way, road

vicinus, vicina, vicinum nearby, neighboring

video, videre, vidi, visus see

vigeo, vigere be strong

vigilo, vigilare, vigilavi, vigilatus be awake

villa, villae, _f._ villa

vinco, vincere, vici, victus conquer

vindico, vindicare, vindicavi, vindicatus claim, vindicate, punish, avenge

vinum, vini, _n._ wine

violo, violare, violavi, violatus violate, dishonor, outrage

vir, viri, _m._ man, husband

vireo, virere, virui be vigorous

virgo, virginis, _f._ maiden, young woman

virilis, virilis, virile manly, virile, mature

virtus, virtutis, _f._ virtue

vis, _f._ strength (sg. only), force, power, might, violence

visito, visitare, visitavi, visitatus visit

viso, visere, visi, visus visit, go to see, look at

visus, visus, _m._ sight, vision

vita, vitae, _f._ life

vito, vitare, vitavi, vitatus avoid

vivarium, vivari(i), _n._ zoo

vividus, vivida, vividum vivid

vivo, vivere, vixi, victus live

vivus, viva, vivum alive, living

vix, _adv._ hardly, barely

vocabulum, vocabuli, _n._ word

voco, vocare, vocavi, vocatus call

volo, velle, volui want

volo, volare, volavi, volatus fly

voluntas, voluntatis, _f._ will

volvo, volvere, volvi, volutus roll

vomo, vomere, vomui, vomitus throw up, vomit

votum, voti, _n._ wish, vow

voveo, vovere, vovi, votus vow, dedicate, consecrate

vox, vocis, _f._ voice

vulgo, _adv._ generally

vulnero, vulnerare, vulneravi, vulneratus injure, wound

vulpes, vulpis, _f._ fox

zelotypus, zelotypa, zelotypum jealous

CPSIA information can be obtained
at www.ICGtesting.com
Printed in the USA
BVHW040851240222
630005BV00017B/476